歴史文化ライブラリー

265

中世の借金事情

井原今朝男

吉川弘文館

目　次

中世債務返済をめぐる在地慣習法

1　昔から法外な利子でも返済してきたのか？——プロローグ

現代社会の借金返済

サブプライムローンの証券化された不良債権問題で、アメリカの大銀行・証券会社が巨額の赤字を計上し、国際金融危機が叫ばれている。日本経済は、一九九〇年代から二〇〇〇年代に、バブル経済破綻による巨額な不良債権で不動産業・建設業・スーパー・百貨店から銀行までがつぎつぎに倒産して「空白の一〇年」「失われた一〇年」の不況期を経験した。

先進国だけではない。一九六〇年代の民族解放運動で独立したアジア・アフリカ・ラテンアメリカの発展途上国は、導入した開発資金が返済不能になり、八〇年代にはいずれも債務国に転落した。ＩＭＦ（国際通貨基金）への返済のために国内経済が破綻して、貧困と飢餓・内戦に苦悩している。先進国は、二〇〇五年に、アフリカなど極貧国一八ヵ国の債務五五〇億ドルを全額削減・債権放棄することで合意した。

国家財政や地方財政も債務に苦悩している。財務省は二〇〇五年国の債務残高は七八一兆円を超えたと発表し、今や、地方自治体の債務を加えると一〇〇〇兆円を突破しているという。夕張《ゆうばり》市をはじめ財政破綻に追い込まれた地方自治体が新聞紙上を賑わせている。国民の家庭生活も厳しく、多重債務者が続出し、家計破産や自己破産申請者は増加する一方であり、最高裁によると、二〇〇五年の自己破産件数は約一八万件で、一〇年前の四・二倍に急増しているという。働いても働いても生活していけないワーキングプアーが、近年ようやく社会問題として認知されるようになった。

かつて、世界は「債務危機」にあると叫んだスーザン・ジョージの予言は、いまや個人の家計だけでなく、企業をはじめ地方自治体・国家財政から貧困国はもとより世界金融市場のすべてをおおい尽くしている（スーザン・ジョージ『債務危機の真実』朝日選書、一九八九）。人類は、核兵器の危機、地球温暖化の環境危機とならんで、債務危機という三大苦悩にみまわれている。債務者と債権者が共存しながら債務紛争を解決していく原理を現代人はみつけだせないでいる。

近代債権論の常識

人類の債務危機への突入は、ソ連の崩壊をはじめ社会主義諸国の破綻、および、自由競争市場経済原理を絶対とするグローバリズムの世界席捲と軌を一にしている。社会主義国を標榜しようと資本主義国であろうと、市場経済原理の社会は、私有財産制と商品交換の社会であり、法的には私的所有権と自由契約によって保護されている。自由競争の市場原理によって紛争を解決することは社会の必要悪であり、機会均等の上で敗者がでることは当然であるという新自由主義の価値観が暗黙知＝社会常識となり、世界の国際的社会思潮になりつつある。

現代人の第一の社会常識は、他人の土地や資本を借りたら、利子をつけて返却しなければならない。なぜなら、他人の土地や資本は、私的所有権が絶対であり、売買によってしか所有権は移転しないからである。

第二の社会常識は、債務不履行は自由契約の原則に反する。債務不履行の場合には、抵当・担保が質流れになって清算され、債務の返済がなされなければならない。返済は絶対の義務である。

第三の社会常識は、自由契約での貸借契約がつづくかぎり、利息制限法の下でも利子は無限に増殖するもので、債務者はどんなに巨額になっても返済しなければならない。

以上の原則から成り立っている近代債権論は、債権者の権利保護を優先しており、債務者の免責はなきに等しい（川島武宜『所有権法の理論』岩波書店、一九四九）。金銭を借用した場合に、債務者はどんな災害や戦争にみまわれても、不可抗力による抗弁権すら認められていない（長尾治助『債務不履行の帰責事由』有斐閣、一九七五）。二〇〇六年正月十三日、日本の最高裁判所は、利息制限法の上限を超えるが罰則のないグレーゾーン金利について、「上限を超えた分の利息の支払いは無効」とする判決を言い渡した。日本で初めて債務者を保護する必要性を認めた司法判断といえよう。しかし、債権者の権利保護優先の原則はまったく微動だにしない。現代社会においては、債権者の権利は絶対であり、債務者保護の考え方すら存在していない。

近代債権論への疑問

しかし、近代債権論について異論や疑問がないわけではない。小さな声をひろってみよう。

第一は、利子の取得を悪として禁止しているイスラム世界の存在である。『コーラン』では、借財の証書・証人・返済期限の明記を義務づける一方、利息をとることを禁止している。無利子の債券を扱うイスラム銀行は一九八〇年代に設立され、一時ロンドンに進出したがイギリス政府によって閉鎖された（石田進「イスラム無利子金融の動向」『現状イスラム経済』日本貿易振興会、一九八八）。二〇〇一年マレーシア中央銀行やバーレーン政府が、スクークという債券を発行すると、イスラム金融市場が急速に拡大し始めた。二〇〇四年には、ロンドンに英イスラム銀行が認可され、二〇〇五年にもヨーロッパ・イスラム投資銀行がロンドンにできた。イスラム銀行のヨーロッパ進出が進行している。二〇〇六年にはバングラデッシュ・グラミン銀行総裁が展開していた「マイクロ・クレジット」がノーベル平和賞を受けた。庶民向けの無利子の債券が、債務者の保護という新しい原理の大切さを世界中に発信しはじめている。イスラム世界では無利子の借銭でも経済は循環している（武藤幸治「急速に広がるイスラム金融市場」『季刊国際貿易と投資』六二、二〇〇五）。にもかかわらず、九・一一事件以来、アメリカは、イスラム世界を〝テロの温床〟として目の敵《かたき》にしている。

第二に、近代債権論は債務返済の義務は絶対だといい、一般庶民の多重債務についてはまったく免責を認めない。にもかかわらず、大銀行や大企業の巨額な不良債権については公費を投入してまで債権放棄を容認している。一九九七年から二〇〇〇年にかけて、大手都市銀行は、飛島建設に六四〇〇億円、青木建設に二〇四九億円、ハザマに一〇五〇億円もの債務免除を認めた。それを受けて、政府は一九九九年に第一勧業銀行に九〇〇〇億円、富士銀行に一兆円、日本興業銀行に六〇〇〇億円の公的資金を投入して、この三銀行だけで二兆五七〇〇億円もの不良債権処理を行なった。金融危機が国民生活を破壊する、それを避けるため止むを得ない超法規的措置であると世論を無理に納得させた。私有財産制・自由競争の市場原理の絶対性が、現実にはダブル・スタンダードになっている。

この間、庶民金融の世界では、暴力団を投入して債務者から厳しい取り立てを行ない巨額の利潤を得る一方で、多重債務は社会問題となり、経済的理由による自殺者は激増した。一九九八年以来、現在にいたるまで自殺者は年間三万人を超え、交通事故死亡者数をはるかに上回り社会問題になっている。債務問題が自殺要因の一つになっている。

これでは、もはや近代債権論は社会常識の暴力だといわざるをえない。近代債権論の価値観は、その矛盾と破綻を大衆の前に曝《さら》している。

どんなに利子がかさんでも返済義務がある

現代人は借りたものはどんなに利子がかさんでも返さないといけないという社会常識に縛られている。昔から借りたら利子をつけて返すのが慣わしだった、それが人倫の道だ、と皆が考えている。大企業や大銀行の不良債権放棄は、景気回復のための必要悪だ。昔、中世にも徳《とく》政《せい》一揆《いっき》や徳政令《とくせいれい》があった、近世社会でも棄捐令《きえんれい》によって債務免除／債権放棄を認める前例があるではないか。いつの世も、特権商人と代官は「おぬしも悪よのう」と笑い合い、庶民は泣きをみるのが歴史の必然だと、あきらめているのが現代日本の中産階級である。

ちょうど、バブル崩壊から小泉純一郎内閣による不良債権処理政策が推進されたころ、日本の読書界・出版業界は、網野善彦の中世社会史ブームに沸いていた。ギアツというアメリカ文化人類学者のつくりあげた劇場国家論がもてはやされ、都市にすむ中産階級・ミドルクラスの世論調査にあらわれる小泉人気を基盤に「小泉劇場」と呼ばれる政治状況がつくられた。その中で、竹中平蔵大臣が不良債権処理を進めていった。強いものが先頭を走って大企業の利潤が回復すれば、中小企業や庶民など弱いものの生活も次第によくなるもの、という新自由主義の旗が大きくふられた。

網野社会史論の主張

網野善彦が主張した中世社会史論の特徴は、ふたつに集約することができる。第一は、中世では「信用経済を支えるいわゆる『市場原理』がある程度貫徹していたことはあきらかで、『資本主義』の源流はおそくとも一四世紀まで遡ってみる必要がある」と主張する。資本主義の源流は中世社会にあり、現代の自由市場原理は一四世紀以来一貫して今にいたるまで不変の原理であるという。中世人は、市場に入ることによって、俗界・差別の世界から縁が切れて無縁《むえん》の世界に入り、神仏を主人とした個人と個人の平等な関係が成立して、楽市《らくいち》・楽座《らくざ》において市場原理が機能すると主張した。

第二は、「なぜ利息をとることができるのか、なぜお金を借りた時に、元金だけを返すだけではすまないのか、という問題について経済学的な説明をすることはかなり困難なのではないかと思うのです」「少なくとも日本の場合『出挙《すいこ》』という農業生産と関わる循環の原理があるが故に、利息は当然払わなくてはいけないということになってくることは確実だと思います」と主張する。ここで、網野はモノを借りたとき、必ず利息をつけて返すのは、農業の出挙から始まったもので、神への感謝・初穂《はつほ》である。利子の支払いは古代以来、不変の原理だという（網野善彦『日本中世に何が起きたか』日本エディタースクール出版部、一九九七）。

まさしく、自由市場原理は、一四世紀の中世社会からすでに存在してきた不変の原理であり、借りたものに利息をつけて返すのはもっと古く弥生時代、稲作農業の発生以来当然であった、という。近代債権論の原理を擁護することが、網野社会史論の論理になっている（拙論「中世の知と儀礼」松尾恒一編『儀礼を読みとく』吉川弘文館、二〇〇六）。

中世債務史研究の意義

これまでの日本経済史や商業史研究の分野では、古代・中世の時代から、都の東西市《とうざいのいち》や田舎の六斎市《ろくさいいち》（毎月の八・十四・十五・二十三・二十九・三十日に開かれる市場）など定期的に開かれる市場では貨幣が限られた範囲内で用いられ、まず都市的な場で商業・流通や金融が発達し、次第に農村社会にも貨幣経済が浸透・拡大して自由市場原理が部分的に働いてきたと信じられてきた。モノの貸し借りである貸借関係でも、太古の昔から借りた者は利子をつけて返すという同じことの繰り返しがつづいてきたのであり、債務の世界には歴史は存在しない、と考えられてきた。

百姓一揆や土一揆の研究で知られる日本社会史家の中村吉治が戦前に百姓を卒論のテーマにしようとしたとき、皇国史観を主導した平泉澄東京帝国大学助教授は、「百姓に歴史がありますか」「豚に歴史がありますか」と反問したという（中村吉治『社会史への歩み1 老閑堂追憶記』刀水書房、一九八三）。同じことを繰り返している動物や百姓の生活に歴史的変遷は存在しない、という無意識の意識がはたらいている。

このため、近代債権論の原理が古代や中世社会の中でも機能したのか、と疑われることはなかった。なぜ借りたものに利子はつくのか。どんなに増えても利子は返済しなければならなかったのか。借金を返せないときには本当に質流れになったのか。飢饉や洪水など債務者の責任でなく破産した場合に債務の返済は免除されなかったのか。利子は借りているかぎり増殖しつづけたのか。などなどの疑問については、発問自体がナンセンスとされ、学問の研究対象にされることはなかった。債務が返せなければ質流れになって貧富の差は拡大し、階級分化が進展したと、アプリオリにハナから信じられた。それに疑問をもち、研究テーマにされることはなかった。

法学の世界でも債権者の権利を研究する債権論という学問分野はあるが、立場の弱い債務者の権利を考える債務論という研究分野は存在しない。歴史学の世界では、債務と返済の原理の歴史を考えようとする研究分野は存在しない。

しかし、中世史料の中に債務契約の実態や在地における慣習法をさぐってみると、近代債権論とは異質な中世独自の債務慣行の世界や原理がみえてくる。私は二〇〇〇年から〇五年まで総合研究大学院大学と国学院大学大学院で「中世債務関係史の研究」の講義を行なった。二〇〇二年から〇五年まで文部科学省研究費補助金の助成をうけ、『日本中世債務史の基礎的研究』（一般研究成果報告書、二〇〇六）を刊行した。債務史というあたらしい研究分野をつくりだし、人類が直面している債務危機という諸問題に社会経済史の方法によって分析の鍬《くわ》を入れたいと思う。

本書の課題

そこで、本書では、まず、「中世社会と貸し借りの世界」（一三ページ～）で、モノを売買する世界よりも、貸し借りの世界がはるかに広範に展開し、債務契約が社会構造の中にシステムとして組み込まれていたことをみる。中世の農業には、種籾《たねもみ》や農料《のうりよう》を春に借りて、秋の収穫をまって返済する出挙といわれる貸借関係が必要不可欠であったこと。中世税制の基本である年貢公事《ねんぐくじ》の徴税システムに借金による代納制が組み込まれていたこと。中世の百姓も下人《げにん》や所従《しよじゆう》をもち、徴税業務を請け負った家政権力をもった中産階級であって、借金をして立て替え払いするシステムの中にいたこと。室町期荘園制でも年貢を担保に借金をして貴族や高僧らが生活費にあてていたこと。巨額な用途を皆で工面するための借金方法や、社会を円滑に循環させるために借金が必要不可欠であったシステムなどについてみてみたい。借金は高利貸が行なうものという経済学の常識では、中世社会の歴史をみることができないことを知ってほしい。そうした中世社会の歴史的な独自性が中世の借金事情の歴史的背景であったことを理解してほしい。

「中世債務返済をめぐる在地慣習法」（一〇七ページ〜）では、いまでは考えられないような中世独自の債務処理の慣習法がいきていた世界をみてみよう。法定以上の利子をとった借金は違勅罪《いちょくざい》として敗訴になった一二世紀・院政時代の判決。債務不履行になったら質物《しちもつ》を流してもよいと契約をむすんでいても、再度本人の合意文書をつくらなければ、質物を流すことはできないという慣習法。質田《しちでん》は質流れになったあとでも所有権は他人のものにはならないという「質地《しちち》は永領《えいりょう》の法なし」。質流れ期間がすぎていても債務者と債権者の合意がなければ、質券《しちけん》を他人に譲与できず、いつでも債務者の返済要求があれば、質物を返却しなければならないという「質券の法」など。

近世・近代では利子率の最高限度が法律できめられていた。貧富の差が極端にならないようにするためだという。しかし、調べてみると、中世では無利子の借銭が多い一方、月利九割をのぞいて利子は一割から一〇割まであり無制限だった。中世には利子率制限法はなかった。利子が年利にすると一〇割から一二割になっても貸借関係が維持できた。近代債権論とはまったく異質な中世債務史の世界をのぞいてみよう。

中世では利子率を無制限にした代わりに、利子は元本の二倍以上には増えないという総額規制の利息制限法が機能していた。これを利倍法と呼んでいる。銭貨出挙《せんかすいこ》（銭の出挙）

では、利子は元金の〇・五倍以上の利子を支払ってはならない法律になっていた。これを挙銭半倍法という。いずれも古代・中世の利息制限法であった。だからこそ利子率がどんなに高く、どんな種類の借金でも、利息は元金の二倍以上には増殖しなかった。利子の総額制限が存在したから、債務者と債権者の権利が共存しやすい世界であった。利子が無限に増殖する近代債権論の世界よりも、利子分の総額主義による利息増殖規制の原理の方が、債務債権関係の再構築ははるかに容易で社会的浪費の少ない債務処理の方法だといえよう。

エピローグでは、このように近代債権論とはまったく異質な債務処理における中世独自の慣習法が、なぜ機能しえたのか。債務と返済の循環を強制するものはいったいなんなのか。中世の債務史の世界では、債務者保護と債権者保護の原理が拮抗しており、両者が共存する原理を追求していたことをみていきたい。そのネガティブな側面を克服して、ポジティブな側面を二一世紀の新しい社会経済原理の探究に生かせる道をさぐってみたい。

中世社会と貸し借りの世界

飢饉・疫病の日常化と債務契約の必然性

前近代農業と種籾・農料の貸出

一九九八年長野冬季オリンピックをまえに、埋蔵文化財の大規模な発掘調査がつづいた。上信越自動車道埋蔵文化財発掘調査で長野市川田《かわだ》条里《じょうり》遺跡において、近世水田の下から中世の水田が洪水砂《こうずいさ》に埋まって出土した。それだけならめずらしくないが、その下に平安時代の水田、さらに奈良時代・古墳時代・弥生時代の水田が地層にそってつぎつぎに出土した。これらの水田はいずれも千曲《ちくま》川（信濃《しなの》川）の洪水砂によって埋没した水田であったため、その畦畔《けいはん》や用水路・取水口はもとより、小区画の水田が平面で出土した。更埴条里《こうしょくじょうり》遺跡や石川条里《いしかわじょうり》遺跡では農作業の牛や人の足跡までが出土した（長野県埋蔵文化財センター発掘調査報告書『川田条里遺跡』二〇〇〇）。

弥生時代から中世の水田にいたるまで共通する第一の特徴は、いずれも小区画水田で畦《あぜ》や畝《うね》をもち、用水路を付属した計画的水田であった。いいかえれば、日本の水田は弥生時代に稲作が導入されたときから、すでに河川の自然氾濫《はんらん》や洪水を前提にした自然灌漑《かんがい》ではなく、用水路をともなった計画的灌漑水田耕作であったことがはっきりした。

第二は、木製農具も弥生時代のものから中世のものまで、きわめてよく類似している。いうまでもなく古墳時代にはU字型鉄製鋤先《すきさき》がともない、中世には鍬《くわ》が田舎にも流通したが、農具の大変革や技術革命があったわけではない。いわば、日本の稲作には、弥生時代から最先端の管理的農業技術が導入されていた。種籾《たねもみ》や苗代《なわしろ》、用水の管理、農具の使用、田植えや収穫まで計画的人為的に管理される農業技術とセットで実施されていたことが判明した。

稲作は、一粒のモミが苗になって田植えで分蘖《ぶんけつ》し、稲穂になるとすくなくても一〇〇粒を超えるモミがつく。江戸時代の農書『百姓伝書』によれば、やせた薄田の場合で一つの稲穂に五〇粒、肥沃な上田では一八〇から三〇〇粒の籾粒をつけると記している。古代中世でも一〇〇から二〇〇倍を超える収穫になる。それゆえ、借りた種籾に五割や一〇割の利子をつけて返却しても、収穫する農民にとってはまったく苦労することではなかった。稲作の生産力はおどろくほど高く、社会の富の源泉であった。そのため、稲作では春に、より良質な種籾を借りて良質な苗をつくり、分蘖しやすいように田植えをし、秋の収穫期に利子をつけて返すということが習慣になっていた。これを出挙《すいこ》といった。稲や粟《あわ》の現物を借りることを稲粟出挙《とうぞくすいこ》、田植えの食事代など農料の銭を借りることを銭貨出挙《せんかすいこ》といった。鎌倉時代になっても、種籾や農料は荘園領主がより良質なものを調達して、現地の百姓に下行《げぎょう》（支給）することが一般的であった。領家佃《りょうけつくだ》・預所佃《あずかりところつくだ》など荘園領主の直営耕地や地頭佃や前田などでは、良質な種籾が入手できたので、収穫も多くなった。百姓の名田でも天候が順調で収穫さえできれば、米の収量はおどろくほど増えたから、出挙のほかに、収穫の五％ほどの租《そ》や庸《よう》・調《ちょう》などの税金をはらっても、困ることはなかった。

しかし、九世紀ごろから暴風雨や不作など気候変動の史料が増加するようになる。とくに、一三世紀から一六世紀までの気候の寒冷化にともなって海岸線が著しく後退するパリア海退とよばれる現象がみられたという。これはフェアブリッジという気象学者が名づけたもので、日本でも気象史学の山本武夫や中世史の峰岸純夫『中世　災害・戦乱の社会史』（吉川弘文館、二〇〇一）・磯貝富士男『中世の農業と気象』（吉川弘文館、二〇〇二）などによって研究が進められている。この結果、稲作のための気候環境が悪化し、中世では凶作や不作が連続するようになったという。

藤木久志は近年、奈良時代から戦国時代にのこる飢饉・災害・疫病などの文献史料を網羅した『日本中世気象災害史年表稿』(高科書房、二〇〇七)を編纂した。それによれば、院政期から戦国期にかけて毎年のように列島のどこかで飢饉や疫病などの災害が連続していたことが判明する。気候の寒冷化の中で中世社会では飢饉・疫病・戦争が三大苦となって日常生活をおおうようになっていた。こうした耕作条件の悪化した中では、出挙はまさに借金の発生源になる。負債を再生産させる社会の源動力に転化する。

飢饉・疫病・戦争と出挙米の貸出

現代社会では、毎日の衣食住が足りて、だれもがほしいものはお金で買えるということを知っている。お金さえあれば生きていけるという価値観にほぼ統一されている。しかし、一二世紀から一七世紀ごろまでは飢饉と疫病と戦争が列島の地域で毎年のようにひきおこされており、日常生活が無数の死者と隣り合わせになっていた。そのため、お金があっても命の助けにはならず、米や布があっても食料を確保できない地域や時代があちこちに存在した。教科書に登場する天明三年(一七八三)の大飢饉では「又上方《かみがた》にて金子《きんす》百廿両腰につけ死す、あるべきこと金一両につき米二升八合の値段いたし、それとてもだれも穀物・食い物の類売人ひとりもなし」(『昔飢饉書』。鬼頭康之「史料紹介・天明期以降の松代藩『山中』の凶作・飢饉状況」『市誌研究ながの』六、一九九九)と説明されている。飢饉ではお金があっても食料を売ってくれない、売るものがないのである。中世社会では、商品取引がまったく成立しない時期や地域が繰り返し生まれていた。

長承三年（一一三四）の天下飢饉では、地方の農村地帯であった信濃国宮田村の村司平家基でさえ、「飢饉と疫病の間、件の郷民ら逃亡・死亡多々也……」というありさまで、小児を棄て乞食になる以外生きるすべがない地域も多かった（知信記裏文書『平安遺文』二三四三。『平安遺文』よりの引用は以下平二三四三の如く略記）。

寛喜二年（一二三〇）六月に雪が降るという異常気象からはじまった飢饉は、「死骸道に満つること、日をおって増加する」といわれた。伊豆《いず》・駿河《するが》両国でも百姓が多く餓死《がし》寸前の状況になった。駿河国司北条重時《ほうじょうしげとき》と伊豆国司武田信光《たけだのぶみつ》にかわり、両国の国務であった執権北条泰時《やすとき》は、寛喜三年三月十九日に「倉稟《そうりん》ある輩」（米倉をもった有徳人《うとくにん》といわれる富裕者）に対して出挙米を施して飢餓を救済させるように目代《もくだい》の矢田六郎兵衛尉に命じた（『吾妻鏡』）。泰時の命令文書は、関東下知状《げちじょう》や関東御教書《みきょうじょ》など将軍の命令を受けてだされたものではない。泰時の家政職員である実景《さねかげ》が奉行となって目代の矢田氏に宛てた文書形式となっている。泰時が家政運営のために独自の判断で命じたのである。

朝廷は異常気象＝神の怒りを鎮めるため改元を実施して翌年は貞永元年（一二三二）となった。しかし、伊豆国仁科荘《にしなのしょう》でも「土民《どみん》ら飢饉により餓死におよび、意ならずして農業の計らいをすてる」という深刻な事態になった。荘民らは泰時に愁状《しゅうじょう》を提出して救済をもとめた。郷民《ごうみん》や土民といわれる中間層は、地域の長者や領主・地頭など富裕者階級から、食料や苗床《なえどこ》の種籾を借用する以外に生きのびる手段がなかった。仁科荘民の訴えに領主の北条泰時は三月九日種籾・農料の貸付である出挙米三〇石を現地に投入するように指示した。「もし土民らが弁償できないならば、泰時の債務として返済せよ」と被官矢田六郎兵衛尉に命じた（『吾妻鏡』）。こうした北条泰時の窮民救済策によって、その年の十一月には、目代の矢田六郎左衛門尉が貧弊民のために支出した米は九〇〇〇石に及んだ。しかも、債務者は弁済する術がないと愁状を提出した。泰時は、「明年までまって弁済すべし」と返済延期を認めてやった。泰時はこのほかにも、美濃国高城西郡大久礼《おおくれ》（大榑《おおくれの》荘《しょう》）で、千余町分の領家年貢を荘園領主に進上するのを停止させるため、被官平出左衛門尉と春近兵衛尉を美濃に派遣した。株河《くいぜがわ》駅において往来の浪人等に施米を配り、上下する旅の輩に行程の日数に応じて旅料をあたえ、現地に止まりたいと主張する輩については荘園の百姓に預け置いて扶養させた（『吾妻鏡』）。

こうしてみると、中世に頻発する飢饉においては、出挙米の貸し借りによって飢民は生きのびたことがわかる。泰時の支出は、仁科荘では三〇石ですんだが、伊豆・駿河両国では九〇〇〇石にまで膨らんだ。中世の百姓にとって出挙米の貸し借りこそ、命綱であった。

泰時の徳政

『吾妻鏡』のこの史料は、戦前に辻善之助が『慈善救済史料』（金港堂、一九三二）にとりあげ、戦後は上横手雅敬『北条泰時』（吉川弘文館、一九五八）が泰時の仁政を物語るものと評して有名になった。入間田宣夫『百姓申状と起請文の世界』（東京大学出版会、一九八六）は、泰時が建仁元年（一二〇一）に伊豆北条で不作のときに出挙米五〇石を貸し出し、秋に台風で飢饉になったとき数十人の債務者をあつめて眼前で出挙米借用証文を焼却したことをあきらかにした。政治権力は災害や飢饉のとき「泰時の徳政」という撫民《ぶみん》政策を推進したと主張した。保立道久は、「倉稟ある輩」は「私稲《しとう》」を蓄えた有徳人《うとくにん》だと評価して、民富を蓄えた社会階層をいちはやく有徳役の負担者として歴史的に位置づけ、富裕者階級の社会的役割をあきらかにした（保立道久「中世民衆経済の展開」『講座日本歴史』中世1、東京大学出版会、一九八五）。

近代人の社会常識からみると、執権や富裕民が貧窮民を救済する社会事業に乗り出したのであるから、国家による社会政策の代行機能だと解釈して当然である。しかし、中世の人々にとってどのような意味と役割をもっていたかは、中世社会の中にわけいって調べてみないとわからない。

日蓮の徳政批判

おもしろいことに、中世に生きていた日蓮《にちれん》は飢饉における幕府や公家・寺社による貧窮民への救済策を大変厳しく批判している。文応元年（一二六〇）に日蓮が作成した『立正安国論《りっしょうあんこくろん》』の冒頭に旅客が来てなげいていわくといってつぎのように主張する。

近年より近日にいたるまで、天変・地夭《ちよう》・飢饉・疫癘《えきれい》あまねく天下にみち、広く地上にはびこる、牛馬ちまたにたおれ、骸骨《がいこつ》路にみてり、死を招くの輩、すでに大半を超え、これを悲しまざるの族《やから》、あえてひとりもなし……もしくは七鬼神《しちきじん》の号を書して千門におし、もしくは五大力《ごだいりき》の形を図して万戸にかけ、もしくは、天神地祇《てんじんちぎ》を拝して四《し》角四境《かくしきょう》の祭祀をくわだて、もしくは万民百姓を哀れみて国主国宰の徳政をおこなう、然《しか》りといえどもただ肝胆《かんたん》をくだくのみにして、いよいよ飢疫《けやく》せまる（『日蓮集』）

この時期は正嘉《しょうか》元年（一二五七）から文応元年（一二六〇）までつづいた正嘉の飢饉の真最中であった。正嘉元年八月の収穫期に大暴風雨で諸国不作になると、翌年には諸国に飢饉・疫病が蔓延した。中世人は災害が神の怒りと信じたから、朝廷は神々を鎮める祈禱のため神社奉幣使《ほうべいし》を派遣し、疫病神退散のため五大力明王《ごだいりきみょうおう》の供養法会や四角四境祭《しかくしきょうさい》という神事を実施した。正元と改元したが効果なく、翌年さらに文応と改元した。日蓮は、このとき、知行国主や国司が万民百姓を哀れみ徳政を行なっているが、なんの社会的効果もなく、飢饉と疫病はますます拡大するばかりだと批判している。

飢饉のとき「国主・国宰の徳政」が中世人にとってあたりまえで社会常識であったと

すれば、『吾妻鏡』や近代歴史家が賞賛する「泰時の徳政」は、特別ほめられたことではなく、領主なら誰もが行なったことになる。しかも日蓮によれば、飢饉と疫病を減退するためにはなんの社会的効力もなかったという。

領家の徳政

実際に正嘉の飢饉の中で、「国主・国宰の徳政」とならぶ荘園領主の徳政があったのかどうか探してみると、紀伊《きい》国阿弖河荘《あてがわのしょう》でおもしろい事例がある。荘園の地頭湯浅光信は正元元年（一二五九）十月に阿弖河荘預所《あずかりどころ》という上級荘官の非法を裁判に訴えた。荘園領主・領家の桜井親王宮が任命した預所播磨法橋は、親王宮の輿《こし》をささえる力者《りきしゃ》を現地に派遣して新儀の非法を行ない、地頭の下人や荘官や百姓らを召し取ってしまう。このため八条殿の番役をつとめることができないと、つぎのように訴えた。

当年は、諸国平均の飢饉になったため、関東の幕府は臨時の課役を停止し、山海への入り合いを禁止してはならないとの命令を記した御教書を諸国に下された。或いは領家の御倉《おくら》を開け粮《かて》を百姓に与え、或いは領家方の恒例臨時の公事《くじ》を止め撫民《ぶみん》の儀《ぎ》をなされているのに、預所は去る六月のころより一塵の粮米も支給せず、御力者を放って、数千の材木を責め採らしむ。そのため、妻子の活計をかえりみず餓死してしまう輩その数を知らず、これは預所が呵責《かしゃく》するが故である（高野山文書『鎌倉遺文』八四二一。

『鎌倉遺文』よりの引用は鎌八四二一の如く略記）

ここにみえる山海の禁制停止令は、幕府の追加法二三三条として関東御教書が残っている。関東の臨時課役停止についても『吾妻鏡』正嘉二年八月二十八日条に将軍上洛を停止し、京上役《きょうじょうやく》を免除した事実がある。他の証拠文書によっていくつかの記述内容が史実として裏づけられる。ここでいう「領家の御倉を開け粮を百姓に与え、或いは領家方の恒例臨時の公事を止め撫民の儀」をなすという記事も史実だったとみてまちがいない。

中世では飢饉の際にはどこでも「国主国宰の徳政」や「領家の徳政」が実施されるのが通例であり、「撫民の儀」のひとつにすぎなかった。その内容は第一に、地域経済が逼迫したとき、知行国主や国司・国務らが目代に命じて「倉稟ある輩」に出挙米を出させ、領家の御倉を開けて百姓らに食料などを貸し与えた。それは泰時の支出額が伊豆・駿河両国で九〇〇〇石にも及んだように「出挙米」という百姓らへの利子付の貸付であり、債務契約であった。領家の御倉を開けたときも返済を前提にした債務契約である。それゆえ、領主が返済分の肩代わりや返済期間の繰り延べを行なうという借金対策を追加しなければならなかった。国主や領主は飢饉での徳政だといっても、百姓や窮民にとっては出挙米を借用する債務契約にしばられることを意味した。日蓮が領主の徳政をきびしく批判したのも当然ではないか。

中世社会の矛盾は、現物の売買取引ができないほど厳しいもので、まず明日の食料、今年の種籾を借りるという貸借取引なしには百姓らは生き抜くことができなかった。中世社会では飢饉や疫病ごとに売買取引が成立しえないほど社会の生産力が破壊された。飢民や百姓は二重三重の債務契約にしばられながら生き抜かなければならない社会システムの下におかれていた。

年貢・公事の代納制と債務契約

中世の納税システム

中世社会では年貢・公事という荘園領主への貢納物《こうのうぶつ》のほかに、勅役《ちょくやく》・一国平均役《いっこくへいきんやく》や段米《たんまい》など国家行事に使用される用途が、耕地の面積に応じて賦課された。年貢は領家年貢とか国衙年貢といって荘園領主や知行国主が徴収した。国役や公事は、勅事・一国平均役・段銭・棟別銭などといって天皇・治天の君によって賦課され、幕府や守護が強制的に徴税した。こうした貢納物の徴集事務は国政運営にかかわるおおやけの職務であった。

中世では公家・武家・寺社や領家・預所・荘官・地頭・名主・百姓という社会階層に応じた身分の家が家職としておおやけの徴税業務を委任され、家政機関をそなえた社会権力として請け負って業務を執行する社会制度になっていた。したがって、だれかが滞納したり未進《みしん》といって納税できなかったりした場合は、請負人の家の責任で私物を出したり、借金をして代納する義務をおった。私物や借金で他人の未進分を代納できる経済的余裕のある家政権力が、おおやけの公職を請け負う資格があるものとして社会的に認知されていた。代納した未進分はあとで未納者から利子をつけて弁償してもらうシステムになっていた。

中世の徴税システムは当初から代納制度によって債務契約が組み込まれていた。皆から徴集した公物と家の財産である私物との区別がつけがたくなっており、財政的には公私の区別をつけない公私混交システムであった。そのため、中世社会では「公私の負物《おいもの》《ふもつ》」・「公《こう》私得分《しとくぶん》」・「あまたの公物私物《くもつしぶつ》」ということばが頻繁に登場する。

国主・国宰による地方財政の請負

知行国主・国司の場合をみよう。信濃国の知行国主であった太政大臣藤原伊通《これみち》は、信濃国司に息子の伊輔《これすけ》を任命した。応保元年（一一六一）十一月十九日に彼は「息子を守に任じて不始末があっては恐れ多いので、政府に納入しなければならない済物《さいもつ》・臨時役はひとつも怠りなく納入し、国内の災害・被害を口実に納税額を免除してもらったことはない」と自慢してつぎのように述べている。

「近代の国司が国内の異常や損亡《そんもう》を理由に免税を申請したら、国の公物を私用することを申請しても許してくれない。昔、白河・鳥羽院の近臣・六条修理大夫顕季《あきすえ》がいうには、国内の災害や不作を理由に免税を申請すべきではない。亡国《ぼうこく》の守に任命されたときは、私物を減ずるべきである。熟国《じゅくこく》を担当したときには、公物を私用したいと申請すれば、かならずそれ相当の報いの応答がある、といっていた」（『山槐記《さんかいき》』）。国からの収益が少ない亡国の国司になったときは自分の取り分である私物を出して中央に貢納物を納め、収益の多い熟国の国司になったら公物を私用できるものである。こうした方針で亡国のごとき信濃守の任期四年をつとめ、長寛元年（一一六三）十二月三十日に伊輔は、治国の功績がみとめられて再度信濃守に補任された（『公卿補任』）。伊通父子は合計八年間にわたって信濃の国主・国司を独占した。

平安後期、諸国の地方財政の運営は、知行国主と国司の家にまかされており、地方財政赤字のときは、公家の家産経済から私物を拠出して政府への納税を確保した。反面、税収入の多い熟国を請け負ったときには、貢納額以外の公物を私物にすることが公認されていた。院近臣《いんのきんしん》や摂関家の家司《けいし》になって熟国の知行国主を歴任する家柄と、亡国の知行国主になるしかない中級貴族の家柄とが固定化し、公家層の中でも貧富の差が明確になってきた。院政期には、閑院三条家《かんいんさんじょうけ》の公実《きんざね》・実行《さねゆき》父子や勧修寺家《かじゅうじけ》の為房《ためふさ》・為隆《ためたか》、善勝寺流《ぜんしょうじりゅう》の顕季・家成《いえなり》や伊勢平氏の忠盛《ただもり》・清盛《きよもり》らが院近臣となり、特権貴族として知行国を独占するようになった。

鎌倉時代になると、特権貴族の中の、太政大臣や大臣を極官とする精華家《せいがけ》・大臣家《だいじんけ》の家柄と、大納言を極官とする名家《めいけ》の家柄との階層分化が明瞭になった。名家の家柄のひとつ勘解由小路《かげゆこうじ》藤原権中納言頼資《よりすけ》は、承久の乱前後に内裏造営の行事弁《ぎょうじのべん》をつとめた実務派の公卿であり、亡国の知行国主になったから、地方財政の赤字を家産経済で補塡することが当然とされた。彼は、寛喜三年（一二三一）まで信濃を知行国にしていたが、望月《もちづき》の駒で名高い年中行事の駒牽《こまひき》の儀式では、信濃国司の役として毎年二十余疋の馬を貢馬《くめ》として調達しなければならなかった。信濃国の国衙領である公田からの年貢がないに等しいため、彼は京都で自費を出して貢馬にできる馬を調達するために奔走した。国からの税収がなくても中央政府に貢納物を納入することを彼は「無足《むそく》の勤《つとめ》」と呼んでいる。知行国主となって三年間のうち、そうしたことは一度ではなかった。このままでは、家産財政からの出費の方が多くなってしまうので、他の知行国と交換したいと内々に少将内侍《しょうしょうのないし》という天皇の女房に頼んでおいた。ちょうど、大納言源雅親《みなもとのまさちか》の知行国である下総が異損《いそん》で公田は立錐の余地もなく亡国であるが、そこと交換してはどうかと内侍からその年四月十四日に連絡が入った。頼資は、「亡国といえども、出費が少ないだけ助かる」として知行国を、信濃と下総で交換している（『民経記』）。

このように院政期から鎌倉時代の知行国制は、諸国の地方財政を家で請け負うシステムであり、公の債務を公家の家産経済に転嫁して、階層格差を拡大していった。知行国制度には徴税物の債務処理を家産経済で行なわせるシステムが組み込まれていた。

郡司・荘官の年貢代納制

年貢・公事の請負制は、荘園や国衙領の郷・村や郡・院などの所領別の年貢納入を請け負う地頭や荘官・郡司などの場合も同じであった。彼らは開発領主とか私領主・地主《じしゅ》といわれる侍身分で武士ともよばれ、凡下《ぼんげ》の百姓とは区別されていた。

たとえば、治承四年（一一八〇）に可部《かべ》源三郎と呼ばれる武士源頼綱《みなもとのよりつな》は、父頼信《よりのぶ》以来、二代にわたって安芸《あき》国高田《たかだ》郡三田《みた》郷と粟屋《あわや》郷を知行してきた。ところが、厳島《いつくしま》神社の神主佐伯景弘《さえきかげひろ》が所領を押領《おうりょう》するので、なんとか返付してくれるように申請書を提出した。それによると、三田・粟屋両郷の所領は、「往古の地主高田藤大夫」＝高田郡司藤原成孝《ふじわらのしげたか》のものであったが、源頼綱の父頼信が成孝の「養子」となって証文等とともに相続・譲与されたものであった。もとの地主成孝が頼信を養子にとった理由は、彼の所領であった三田・粟屋郷が荒廃して荒野となってしまい「所当官物の負債や未進がかさなり、私の負物まで巨多となり、公私の使に債務の返済を責められている。現世では自分を養育してもらうため、後世では菩提報恩のため、養子をとって所領を譲与しようとした」とある（厳島野坂文書　平補一三二）。

平安末期になると安芸国高田郡でも所領の耕地は不作や耕作放棄で荒野状態になってしまった。請け負った所当官物の代納が増え、公私の負債や未納分が多くなり、家の負債も芋づる式に巨額になった。負物の返済をせまる「公私の使者」が頻繁にやってきて催促するようになった。この負債を肩代わりしてもらうために、養子縁組をして所領を譲与するという社会現象が増えていた。養子となった頼信が死去したあとは、子息の頼綱が相伝してきたのだという。彼が可部源三郎とも名乗っていたのは、この所領とは別に、八条院領安芸国可部荘を苗字の地としていたためであった（角重始「源平争乱前夜の安芸国」『日本歴史』五二五、一九九二）。

郡司や領主は、郡・郷・村の公務を請け負って所当官物の代納を行なう中で、天候不順や災害などで耕地が荒れて収益が減少すると、すぐに公私の負債が増加して破産状態になり、別の請負人をさがして所領を手放すことが増加したのである。

負債整理のための寄進

これまで院政期に寄進地系荘園《きしんちけいしょうえん》が激増したことが知られていた。だが、なんのために所領を寄進するのか不明であり、私的土地所有権の移転説や国家的土地所有権の分割説などいろいろな解釈がなされてきた。荘園寄進や立荘《りっしょう》の場合も、公私の債務整理のために行なわれた事例がきわめて多いことに留意しなければならない。

たとえば、長承元年（一一三二）十一月四日、鳥羽院は公卿定《くぎょうのさだめ》の中で、伊勢神宮領信濃国芳実御厨《はみのみくりや》を停止して国衙領にもどす決定を行なった。その記録にはつぎのようにある。「件のところは、指したる本券はない。本領主　源　家輔《みなもとのいえすけ》は負物の代として譲らんとした。禰宜常季《ねぎつねすえ》がこれを許した。国司国房《くにふさ》・為行《ためゆき》の二代は国税を奉免したが、その後は久しく公郷《こうごう》として国役を勤仕《ごんし》してきた。よって御厨とすべきではないがどうか」。鳥羽院の決定は「御厨を停止すべし」というものであった（『中右記《ちゅうゆうき》』）。

芳実御厨は、もともとは源家輔の所領であったが、伊勢神宮の上分米という利子付借米を借りて負債が巨額になったため、そのかわりに伊勢神宮に所領を譲渡して相殺しようとした。神宮の禰宜常季がこれを許可したので伊勢神宮の御厨となった。康和元年（一〇九九）一月まで信濃国司であった源国房や嘉承二年（一一〇七）五月に没した高階為行の二代かぎりは国免　荘《こくめんのしょう》として免税措置がとられた。その後、院司受　領《いんじのじゅりょう》が信濃国司に任命されるようになると荘園整理となって公郷にもどされて国衙年貢や国役をつとめるようになった。これこそ、伊勢神宮への負債を弁償するために所領を寄進して御厨になったり、国衙領に戻されたりした事例である。

負債をめぐる国司と伊勢神宮の対立

こうした事例は数多くみられる。源氏の棟梁 源 義朝《みなもとのよしとも》が伊勢神宮に寄進して成立した伊勢神宮領の御厨として有名な下総国相馬《そうま》御厨の場合を見なおしてみよう。これまでは、千葉氏の祖下総権介 平《たいらの》常重《つねしげ》（経繁）が相伝私領の相馬郡布施郷《ふせごう》を大治五年（一一三〇）伊勢神宮に寄進して相馬御厨が成立したとされた。しかし、その細部をみると、国司藤原親通《ふじわらちかみち》が在任のとき、郷の公田官物に未進があると号して、保延二年（一一三六）七月十五日郷司である常重の身柄を一ヵ月も拘束し、准白布七二六段二丈五尺五寸という負債の存在をむりやり認めさせた。十一月三日になると庁目代紀季経《ちょうのもくだいきのすえつね》は常重から負債弁償の代わりに相馬・立花《たちばな》両郷を受領《ずりよう》に譲るための契約文書を強制的に書かせて署判を責め取った。これで、常重の代には相馬・立花両郷は国司の別納《べちのう》の所領となって一件落着した。

郷司常重の養子千葉常胤《つねたね》の代になると、久安二年（一一四六）四月に国司は上品八丈絹《はちじようのきぬ》三〇疋・下品七〇疋・縫衣《ぬいきぬ》一二領・砂金三二両・藍摺布《あいのすりふ》上品三〇段・中品五〇段・上馬《じようめ》二疋・鞍置駄《くらおきだ》三〇疋を国庫に納入するという請負契約を常胤に強制して締結させた。国司は常胤に相馬郷の新券文だけを返却し、相馬郡司として郡務を知行させる国判文書を発行した。しかし、立花郷の新券はそのまま国司側の手にとどめられた（鏑矢伊勢宮方記　平二五八六）。「立花郷の新券」によって別符《べつぷ》とされた立花郷は、その後、千葉氏はまったく関与することなく、国司藤原親通の所領としてのちに橘荘《たちばなのしょう》となっている。親通は、保延四年（一一三八）十一月六日に下総香取社《かとりしゃ》造営の功によって再度下総守に任じられた。彼の子息親盛《ちかもり》は、仁平四年（一一五四）正月三十日左大臣頼長の嫡男兼長が春日祭上卿として南都に出発した大行列の中に「地下君達《じげきんだち》」として名前がみえる。この春日詣は保元の乱で死去する前の藤原頼長父子の晴れ姿であった。その前駈《まえがけ》をつとめた人々の「装束目録」には「親盛・故親通男　下総大夫」と注記されている（『兵範記《へいはんき》』）。かつて下総国司をつとめた藤原親通はすでに死去し、その子息親盛は受領にはなれず、「地下君達」として「下総大夫」と呼ばれて摂関家忠実・頼長父子に奉仕していた。親通・親盛・親政《ちかまさ》の三代は、下総に所領を確保しており、親政の代では平氏と姻戚関係をむすび、皇嘉門院《こうかもんいん》判官代となり「千田《ちだ》荘領家判官代親政」といわれるように下総国千田荘にも所領を有していたという（野口実『板東武士団の成立と発展』弘生書林、一九八二）。

　ここでは、国司が在庁官人の警察権力を動員して、国司へ納入すべき官物の負債をむりやり郡司や郷司に認めさせて、負物の代償として郡郷の所領を別納として立券《りっけん》させて、その立券文《りっけんもん》を奪い取って国司自身の私領に移しかえるシステムが存在していたことがわかる。

　負名《ふみょう》についても、坂上康俊は負債弁済のために所領を売却して新券を作成している事例を指摘し、平安時代における土地売買が実態としては公私の負物による債務処理のためであったことをあきらかにしている（坂上康俊「安芸国高田郡司藤原氏の所領集積と伝領」『史学雑誌』九一―九、一九八二）。郡司や在地の領主たちが、国司への負債を処理するために国司に所領を寄進し、別納の所領や郡司としての請負契約を締結することが頻繁になっていた。こうして郡司や領主たちが、負債をめぐって知行国主や荘園領主の下に再編成されていった。

北条被官の公事銭代納システム

「泣く子と地頭には勝てない」といわれる地頭も年貢徴税を請け負う中間層であったから、債務契約から借金をよぎなくされていた。

延応元年（一二三九）五月二十六日北条泰時は尼将軍政子の追善のために鎌倉南新法華堂に湯屋《ゆや》を建て毎月の六斎日《ろくさいにち》に施湯《せゆ》を行なうことにした。お湯を沸かすための薪代を北条被官の家人に賦課するように法令を定めた。その条文にはつぎのようにある。

もし寄子《よりこ》が期日を過ぎても弁進しないで遅滞したばあいは、頭人《とうにん》の武士がかわりに挙《こ》銭《せん》をとって寺家に薪代を進納せよ。頭人は滞納した寄子から日数には関係なく倍額の銭《せん》を徴収してもよい。寄子が倍額の弁償をしないで、なお難渋するときは、頭人はこのしだいを申してその所領を召し上げ、傍輩《ほうばい》の懈怠《けたい》をいましめよ（『吾妻鏡』）

ここでも、湯屋の薪代を徴収する制度が、頭人―寄子という番頭制に編成された武士集団の共同責任になっていた。経済力の弱い寄子が薪代を未納したときには、頭人の責任で挙銭（出挙銭）を借用して代納することが義務づけられていた。北条氏は頭人の借金によって薪代だけ期日までに確保してしまう。借金の返済は、頭人と寄子との貸借関係の問題（債務契約）として頭人が元金の倍額を寄子から徴収して債務関係を清算する倍額弁償法を義務づけた。それでも滞納する場合には、同僚を戒めるために、寄子の所領を負物として没収（所領没収法）して処理するよう法令を整備していった。

幕府の御成敗式目や追加法をみると、北条被官に適応された御内法《みうちのほう》が次第に地頭・御家人にも適用されていったことがわかる。

地頭の年貢代納制

貞永元年（一二三二）制定された御成敗式目第五条は、諸国地頭が年貢所当を抑留したときの罰則を「結解《けげ》をとげ勘定《かんじょう》を提出させ、未納分にまちがいないならばその員数分を弁償せよ。少ない量なら早速支払い、過分の場合は三ヵ年のうちに弁済せよ。これに違反した場合には所職を改易《かいえき》せよ」と規定している。ここでは地頭が徴税分を抑留したとき、結解（決算帳簿）をつくり計算書にしたがって未進分があったら弁償させよと定めている。公物か私物かの区別はまったく問題になっておらず、地頭の公私得分や所領すべてをかけて弁償することだけが問題になっている。

中世の年貢納入は、実際に貢納した米や布・絹・麦・大豆・餅・柿・鮭・筋子など進納

分が年貢定文に規定され多品種になる。年貢未進分の算出は、それらを米か布という一般等価物に換算して、年貢総額に達しているか清算するための決算帳簿をつくってみないとわからない。こうした中世の決算帳簿を結解状《けげのじょう》と呼んでいる。現代人は毎年つくるものと思っているが、中世人は請負契約で個人の信用を前提にしているので、面倒な結解状は、領家の別当や預所が交替したり領家か地頭のどちらかに不審があったりしたときに作成するものであった。中世では年貢が多品種の現物物品で納入されたので、その換算率を地頭と領家で合意しないと決算帳簿をつ

図１　『粉河寺縁起』（粉河寺所蔵）

領主の収納・結解は，領主得分の獲得（家政）と国税徴収請負（国政）の二面性をもっていた．

くることができない。物品ごとの換算率を合意することを「代付《だいつけ》」といった。決算の監査には、年貢納入の請取状・返抄《へんしょう》と付き合わせる必要があったため、現地に出された百姓返抄をあつめて照合しなければならなかった。これを「勘合《かんごう》」と呼んだ。勘合の作業量と人件費は巨額になったので、その経費を勘料銭《かんりょうせん》といって現地から特別徴収しなければならなかった。このため、鎌倉末期の最勝光院領遠江国村櫛《むらくし》荘や高野山領備後国太田《おおた》荘などでは「未進あらば三箇年一度の結解のとき、その弁を致すべし云々」（高野山文書）とある。南北朝時代になっても、東福寺領武蔵国船木田荘《ふなきだ》や大蔵省領上野国玉村保《たまむらのほ》では、三年に一度結解状がつくられている（拙論「東国荘園年貢の京上システムと国家的保障体制」『国立歴史民俗博物館研究報告』一〇八、二〇〇三）。したがって、年貢未進の裁判においては、結解状を作ること自体がむずかしく、未進分を確定することはきわめて困難であった。

年貢未進をめぐる紛争や裁判は長期化することがあたりまえであった。本所領家は、年貢納入を惣領の責任として一門兄弟の担当する年貢分を惣領に立て替え払いさせていた。一三世紀半ばには、年貢未進をめぐる裁判は、立て替え払いをめぐる惣領と寄子との争いに変化した。

幕府は弘安徳政の中で、弘安六年（一二八三）関東御領や得宗領での年貢未進問題の処理方法を先行して整備した。本所領家・国衙年貢の未進問題については弘安七年十月二十二日の追加法五六六条を制定した。そこでは、寄子の未進分を惣領が立て替え払いして訴訟になったとき、「寄子に配分された所当公事を対捍《たいかん》した場合、惣領が代納したときは幕府法廷でとりあげ、前々の分については一倍をもって弁済すべし、今後さらに未済のことがあったら彼の所領を惣領に分付《ぶんつけ》してよい」と規定した。ここでは、領家年貢や国衙年貢の未進問題が、惣領と庶子間での立て替え払いという貸借契約をめぐる負債問題の争いになっている。惣領が肩代わりした借金の返却は、庶子が借金の二倍（倍額）を弁償するように義務づけた。それでも負債問題が解決しないときは、債務者の所領の「分付」＝「分《わけ》召《めす》」といって分割して下地を引き渡す所領分割処理法を命じている。得宗被官での年貢公事の立て替え払い（借金）をめぐる紛争処理の方法が、地頭・御家人一般の場合にも適用されるようになったことがわかる。惣領と庶子との借金の支払い方法をめぐる紛争処理法が幕府法で決められたのである。

名主・百姓の年貢請負

中世の名主や百姓も、荘園や国衙領の名田や百姓名の田畠・在家を請け負って面積や軒数に応じて年貢公事を納入するという契約文を領主とのあいだで締結した。名田の年貢徴収を請け負う契約文書を百姓請文《ひゃくしょううけぶみ》と呼んだ。毎年正月の節養《せちやしない》という節会《せちえ》の場で領主と百姓があつまって祝事として契約をとりむすんだ。院政期から鎌倉時代には、複数の百姓らが連名で請文を出すことが多かったが、鎌倉末期から室町時代には名主や百姓がひとりずつ請文を作成した。

たとえば、春日社領大和国糸井《いとい》荘では、名田の所当米《しょとうまい》を運上することを請け負う請文をつぎのように作成している（春日神社文書　鎌一九五八六）。

奉請　糸井本荘内新談義方御寄進分
　合壱町者　字虎杖《いたどり》
右、於去年所当米者、正月中、新談義方可奉運上候状如件《くだんのごとし》

永仁六年正月廿四日　　虎杖百姓等交名《きようみよう》

勢二郎在判　　金二郎在判　　弥藤二在判

源藤三在判　　弥平二在判　　成金在判　　石主在判

如此《かくのごとく》内一反分　百姓乗法逃亡了

大和国糸井荘の虎杖という村に春日社僧の新談義方《しんだんぎがた》に年貢をおさめる春日社領名田が一町存在した。田一町の耕地を勢二郎ら八人の百姓が請け負うことにして、永仁六年（一二九八）正月二十四日に開かれた新年の節養の席で年貢の徴収と運上を契約する文書に署判をすえた。ほぼ一反歩前後の田に均分して耕作し年貢を徴収し社僧の新義方に運上するシステムで均等名《きんとうみよう》と呼ばれた。百姓は他の荘園や公領の百姓名も請け負っていたので、お互いに寄合《よりあい》を行なって合意しながら年間の耕作や農作業と年貢運上を行なった。八人のうち、百姓乗法は年貢が払えず逃亡してしまい一反分は百姓の共同組織の責任になっていた。百姓も年貢徴収の請負人でもあったから、支払いができなくなると、いろいろと工面をして年貢代納を円滑に行なおうとした。

一時的に未進が出てしまったときには、領家に未進請文《みしんうけぶみ》や未進押書《みしんあつしよ》という文書を出して借金にする貸借契約を結んだ。借金にすることでその年は納税扱いにしてもらい、翌年に借米を支払うのである。翌年が豊作になれば、すこしの未進分くらいは債務処理できる。

未納年貢が借米として翌年の収穫時期まで延期してもらえた。それでも弁済できないときには、年貢の肩代わりを縁者に代わってもらう。

弘安三年（一二八〇）十月五日東大寺領の作田六段を請作していた大和の作人智乗が、去々年からの未進米を弁済できなくなった。東大寺は僧坊の沙汰として六段の作田に「四目《しめ》を立てる」という処置をとった（東大寺文書　鎌一四一一四）。「四目を立てる」とは、年貢納入契約に違反した田畠の四方に榊《さかき》と注連縄《しめなわ》をめぐらし、担保として差し押さえることで、みんなに未進田畠であることを公開する慣習法であった。興福寺や春日社・法隆寺の荘園では名主百姓が年貢未進をしたとき、その田畠に榊や注連縄・札を立てて差し押さえるのが「往古之規式」であった（中村吉治「田地に神木を立てること」『寺院経済史研究』三教書院、一九三五）。困った智乗は、親類の弥源次男に代納を頼み込んだ。彼は、親類の縁により年貢米一石四斗四升と今年の所当米を進上することにして、十月五日に請文を作成し、連帯保証人として友宗なる百姓に連署してもらった（東大寺文書　同）。こうして、百姓の年貢請負契約で未進分が出たときには、親類縁者が債務を肩代わりし、請負人契約を交替した。名主・百姓は、親類縁者や鎮守の座や郷・村ごとの惣《そう》という寄合、すなわちヨコの共同体的連帯組織をもっていた。地縁・血縁のヨコの組織によって、百姓の請負契約を背後から保障しあう社会システムをもっていたので、年貢の請負契約を結ぶことができた。

百姓の家父長制

百姓は、一般に被支配者で民衆だと考えられている。職人と百姓を平民と呼んだ網野善彦説が典型的な事例である。しかし、今日の現代社会との対比でいえば、名主・百姓は年貢徴税の公務を家として請け負うことのできる中産階級であり、その内部に下人・所従など多くの隷属民をかかえる家政権力体であったことに留意しなければならない。名主や百姓と史料上に明記されたもので下人をもっていた事例を探せば、すぐにつぎのような事例がみつかる。

延光名主道信　下人弥犬女（土佐国古文叢　鎌二二七九六）
百姓弥平太入道　名子次郎太郎（山田文書　鎌二〇四七六）
百姓寂善法師　従女土与女・所従得女（同）

鎌倉幕府法でも地頭の所従と百姓の下人が逃亡・越境して他人のものになってしまった訴訟事件については幕府として受理しないという規定があった。しかし、寛元元年（一二四三）四月二十日の関東御教書によって、地頭所従についてはもとの地頭に戻すように命じた。百姓の下人についても、一〇ヵ年以内のものと判明する下人についてはもとの主人である百姓に返与するように変更した（新編追加　追加法二〇七条・二〇九条）。百姓も下人をもっているのが一般的であり、下人が逃亡・越境して主人をかえることから紛争や訴訟が多く、幕府もそのための法整備を行なっていた。

金沢文庫文書の中に年未詳の「加賀国軽海郷《かるみのごう》百姓交名注文」という史料があり、前後が切断されている。村ごとの百姓の名前をすべて記録しようとしたものらしく、「三百五十一人」との書き込みがある。実際に残る名前を調べると二八四人にものぼる（拙著『中世寺院と民衆』臨川書店、二〇〇四）。関連するものに嘉暦四年（一三二九）六月十四日加賀国軽海郷公文百姓等起請文案という文書が残る（金沢文庫文書　鎌三〇六二八）。それは、盗人、守護の使者、地頭の家来による不正を隠しだてしないと誓約したものである。万一誓約に違反したものは梵天・帝釈天や王城鎮守・北陸道鎮守・国惣社の大明神から日本国中の仏神の御罰を「公文百姓等子供・なこ・わきの物・下人等にいたるまでふかく罰をかふり候へく候」と記されている。別の公文書状には「或いは百姓等、我身子息も下人も、皆名字判をつかまつりて候よし申し候」（同　鎌三〇六二九）とあるから、荘園領主は、公文や百姓だけではなく、百姓が家の中に抱えている「子供・なこ・わきの物・下人等」までねこそぎ調べて起請文に名字と署判を書かせた。加賀の百姓は、「子供・なこ・わきの物・下人等」という多くの隷属民を抱えたタテの家父長制的特権集団であったことがわかる。

百姓が借金処理にあたるときは、下人・脇《わき》の者《もの》・名子《なご》など隷属民から質に出して債務の弁済を行ない、それでも返済できなければ、子供や妻女を質にいれた。

たとえば、東寺領若狭国太良《たら》荘時沢名《ときさわみょう》の名主《みょうしゅ》藤大夫《とうだゆう》時友は、元徳二年（一三三〇）に名主として時沢名の年貢納入を請け負っていたが、負債の米六石（約六〇万円ほど。中世で米一石は銭一貫文に換算したので、現代物価は約一〇万円としておく）を弁済できなくなった。その肩代わりのため、質物の担保として、十一月十七日債権者の次郎権守殿に生年一七歳の藤三郎時真を質物に入れ置くという質券を提出した（東寺百合文書　鎌三一一八二）。しかし、それだけでは元徳の飢饉を乗り切ることができなかった。同年十二月二十日になると、名主藤大夫時友は、地頭への加徴米八斗八合・名田地子修理買物銭五五〇文・領家方所当米三石一斗四升などを納入できないことがはっきりした。彼は負物《おいもの》の支払いを右近守殿に代わって弁済してもらったので、時友相伝の名田四分の一を引き渡す去状《さりじょう》を作成した（同　鎌三一三一〇）。その最後の条項に「ただし、息子にて候藤三郎男さ、同権守殿にまいらせ置き候」とあり、「一期《いちご》の後は、彼名田を預けたひ候へき由契約候」と記している。次郎権守殿の人質になった藤三郎は、藤大夫時友の「むすこ」であり、一期の後には、名田四分の一を息子藤三郎時真に戻してもらう契約を結んだ。いいかえれば、この名田四分の一の去文も、いつか藤三郎時真が債務を返済したときは名田を時真にもどす契約であることを明記したのである。

以上の検討から、中世社会では、上は知行国主や国司から、荘官・下司・地頭・御家人はもとより、下は名主・百姓らにいたるまで、年貢徴税という公務を家として請け負って公私の負物を抱えて立て替え払いするという債務契約システムが組み込まれていたことが判明した。中世では社会制度の中に債務・借金がシステムとして組み込まれていた。

室町期荘園制の代官請負と債務契約

荘園制は室町期に再編された

これまでみてきた史料は、長承・治承・寛喜・正嘉・元徳という年号のものが多い。いずれも鎌倉時代の代表的な天下飢饉といわれた時期に相当している。凶作や不作で出挙米が返せないような年には中世の債務契約が飛躍的に増加することになり、債務・債権関係をめぐるトラブルが多くなった。鎌倉末期から南北朝内乱の中でその紛争はさらに激化し、荘園年貢の収納ができなくなり、かわって国人や守護大名などの武家領が発展し、荘園領主を公家や寺社とする荘園制は解体期にはいったと考えられてきた（永原慶二『荘園』吉川弘文館、一九九八）。

しかし、年貢米の代納システムが発達すれば、年貢負担者が未納しても、年貢請負人である中間層が納入期日までに代納するので、領家や本所など特権支配者には一定額の年貢が前納されてしまうきわめて便利な社会システムになっていたことに留意しなければならない。

それまで知行国主や領家の権利と地頭など在地武士の権限は、ひとつの土地の上で重層的に存在していたが、鎌倉末期〜南北朝期には、領家と地頭の権利を土地で分割する下地《したじ》中分《ちゅうぶん》や下地《したじ》の半済《はんぜい》という方法がとられた。領家方と地頭方という所領区分が登場するようになった。南北朝内乱の中で知行国主の国衙領と領家の荘園とがひとつの諸国本所領と特別保護の禁裏《きんり》御料《ごりょう》・殿下渡領《でんかのわたりりょう》などに再編成され、地頭らの権利は武家領に整理された。諸国本所領は天皇・院と室町殿との合議によって公家や寺社の本所に安堵され、天皇や室町殿の突鼻《とつび》（怒り）をうけるとすぐ没収されてしまう恩領地（公領）の性格が強くなった。禁裏御料所と殿下渡領など天皇家と摂関家の荘園や寺社本所領は、諸国本所領とは別に特別保護を受ける荘園として保障され、将軍家御料所とともに幕府の奉行人奉書がよく発給された。諸国本所領や禁裏御料・将軍家御料所の年貢は、一定額に固定化され代官請負制にされた。そこでは、秋に納入される年貢予定額を担保にして、本所が春に借米や借銭として年貢米を先取りしてしまう方法が一般化した。これを「来納《らいのう》」といった（高橋敏子「中世の荘園と村落」近藤成一編『モンゴルの襲来』吉川弘文館、二〇〇三）。現地に不作や未進がどのくらいあろうと、一定額の年貢だけは、代官との請負契約が結ばれた春の時点で本所に前納させる。秋の収穫や百姓からの収納状態はすべて請負人である代官の責任に転嫁してしまう。本所は極端な不作や風水害や旱魃《かんばつ》の被害を調査する検注権《けんちゅうけん》と荘園での紛争処理の裁判権に相当する検断権《けんだんけん》だけをもち、定額の年貢分だけを春先に前納させて、家産財政を運営する方法をあみだした。これが再編された室町期荘園制の特徴である（拙論「室町期東国本所領荘園の成立過程」『国立歴史民俗博物館研究報告』一〇四、二〇〇三。同「東国荘園年貢の京上システムと国家的保障体制」『国立歴史民俗博物館研究報告』一〇八、二〇〇三）。

代官による年貢の前貸し

室町期荘園制では、年貢前納によって代官請負契約に貸借契約が組み込まれていることが時代的特徴になっている。それを北野社領の荘園についてみよう。

延徳三年（一四九一）三月、北野社領の本所社家・松梅院禅予は、丹波国舟井《ふない》荘の年貢を質物にして七二貫五〇〇文（現価約七二〇万円余）を太田蔵人保定から借用する契約を結ぶことにした。まず、三月十七日付で、禅予がその借用書を作成し、秋に舟井荘年貢で支払えない場合は摂津国富田鵜飼瀬神用分を第二次担保にする契約文をつくって太田保定に渡した。同じ日付で、太田保定を丹波国舟井荘の代官職に任命する旨の補任状を発行した。これに対して、代官の太田保定は借銭の利子取り決めのため副状をつくり「利平《りびょう》を加えざるの儀は、来る十一月中に御請取の旨にまかせて算用いたし申すべく候」と、年末の決算時点に利子も清算することにして本所に渡した。さらに、代官職を請け負った舟井荘内八ヵ村の年貢を運上すること、旱魃・風水損に合った場合は社家の上使の判断にしたがうこと、年貢前貸し分の利子率は四文子《よんもんこ》で計算すること、代官得分は定納額の十分の一と一〇石分とすること、八ヵ村での盗み・犯罪人は社家の上使とともに裁判し科料（罰金）の半分は代官のものとするという条々を記載した請文を三月十七日付で作成して本所の社家に提出した（『北野社家日記』延徳三年三月二十三日条）。

こうして北野神社の荘園領主は、ひとつの荘園からの年貢を担保にして七二〇万円余の借金を春先に行ない、借金の銭主を荘園の代官に任命した。室町期荘園制はこうした債務契約の上になりたっていた。

室町期の代官請負には、年貢米を担保にした貸借関係が組み込まれていた。これを最初に公家の万里小路《までのこうじ》家領において指摘したのが新田英治であり、年貢は代官に直接返弁されることもあきらかにした。年貢額が定額化して本所の荘務権が現地において行使しえなくなったことを示すもので解体期の荘園制と評価した（新田英治「室町時代の公家領における代官請負に関する一考察」寶月圭吾先生還暦記念会編『日本社会経済史研究中世編』吉川弘文館、一九六七）。永原慶二も、年貢定額請切りと本所の荘務権不能は解体期荘園制を物語るものと評価して長く通説となった。しかし、この通説は、室町期に荘園からの年貢収入が大きく減少していくというあやまった事実認識の上にたっている。荘園現地での不作や損田を調査する本所の検注権や村の犯罪から罰金をとる本所の検断権は代官と半分にしており、本所の検注・検断権が室町期においても存続していたことが無視されている。本所が荘園年貢分を前もって確保していることの歴史的意義を過小評価しているなど多くの問題点を含んでいる。むしろ、飢饉や凶作の中で現地での収穫額の増減があっても、代官が年貢運搬途中で殺害されても、代官と請人との債務契約問題に責任を転嫁して、本所が荘園年貢の定額を先取りしてしまう。このことは、不安定な年貢収入を債務契約によって安定確保しえるようになったものとして家産経済運営の上では高く評価すべきであると考える。久留島典子は、若狭国鳥羽荘の請切代官を事例に、荘園年貢前納システムを代納債務制と名付けている（久留島典子「領主の倉・百姓の倉」勝俣鎮夫・藤木久志編『家・村・領主』朝日新聞社、一九九四）。債務史研究のうえで重要な問題提起であった。

本所による年貢担保の借銭

実際に代官請負契約の内容を調べると、代官とは別に請人《うけにん》とか口入人《くにゅうにん》といわれる連帯保証人がつけられているものが多い。

具体的な事例をみよう。本所の公家山科家《やましなけ》領の信濃国住吉《すみよし》荘と市村高田《いちむらたかだ》以下五ヵ荘は「信州五ヵ荘」として山科家の家政職員である源清幸《きよゆき》を荘奉行に補任していた。年貢運上のために代官が任命され、それとは別に年貢請人として建徳庵を保証人に立てた。定額年貢は一〇貫文の契約となっている。応永十三年（一四〇六）十二月二日には年貢割符《さいふ》が到着したが、替銭屋が逐電するという事件が起きた。このとき、請人建徳庵が四貫文を代納している（『教言卿記《のりときききょうき》』）。応永十五年（一四〇八）五月二十九日には請人建徳庵が横死《おうし》してしまったが、十一月二十日には割符五貫文、二十二日にも年貢銭五貫文が代官によって山科家に納入されている（『同』）。このように代官とは別に請人をつけることによって、本所は地方荘園からの年貢も確実に定額分だけは確保できるシステムになっていた。

　では、一六世紀になるとどうであろうか。文亀元年（一五〇一）、本所の山科言国《ときくに》は、播磨国下《しも》揖保荘《いぼのしょう》の代官を島津犂松丸、連帯保証人の請人を公阿弥陀仏として年貢運上の代官請負契約を結んだ。四月二十四日に、山科家は下揖保荘の年貢額を担保に一〇〇〇疋＝一〇貫文を公阿弥陀仏から借金するように依頼して二通の契約文書を作成した。まず一通は、月ごとに一〇〇文につき六文の利子（年七割二分）で借銭するという貸借契約を五月三日付で結んだ（『言国卿記』）。

　播州下揖保荘御公用の当細分を宛てて一〇〇〇疋を秘計してもらう。六文子の利平を加えて請取状を書きおくる。国においてその分を付ける。もし、契約違反した場合には当方の責任で別の料足で返済する。

五月三日　　　　　　　　頼久（花押）

公阿弥陀仏まいる

この契約文に署名をした頼久は、山科家の雑掌《ざっしょう》で本所山科言国の家政職員であった。山科家を代表して、借用額とその利子をとりきめるために銭主の公阿弥陀仏に宛てた借用契約書にサインした。この契約文を「ソヘ借状」とか「ソヘ状」と呼んでいる。もう一通は、つぎの請取状を発行した。

請取申　　播州下揖保荘御公用事

合　十五貫七百文者

右且請取申如件

文亀元年十二月　日　　　　頼久（花押）

これは、秋に受け取る年貢分の一部として借銭の元金一〇貫文と六文子の利子分五貫七〇〇文をあわせた合計一五貫七〇〇文分を下揖保荘の年貢から山科家が受け取ったことを意味する請取状である。秋に出される山科家の年貢の受領書である。現地の荘官や百姓らにとっては年貢支払いの証拠文書として貴重な証書である。本来なら年末に出すものであるから、十二月の日付にして、五月三日に作成して前もって公阿弥陀仏に渡したのである。

この文書は「カリ請取」とか「小返抄《しょうへんしょう》」と呼ばれている。公阿弥陀仏は、秋の収穫・収納時期にこれを揖保荘代官の島津聟松丸に示して年貢代を請求し、実際に年貢を受け取ったときには山科家の受領書として代官に引き渡すために準備したのである。請取状は年貢分の請求書にも受領書にもなるためのものである。公阿弥陀仏にとっては荘園年貢の債権を示す機能を果たした。それゆえ、宛先は記載していない。山科家は、この方式で年内につぎつぎに下揖保荘の年貢を担保に借銭を繰り返した。それを整理すると、文亀元年（一五〇一）分は表1のようになる。

表1　下揖保荘年貢を担保にした山科家の借金

4月24日	元銭10貫文	利子分ともに15貫700文
5月17日	元銭3貫文	利子分ともに4貫620文
7月13日	元銭2貫文	
8月11日	元銭5貫文	利子分ともに6貫500文
合計	元銭20貫文	本子ともに29貫540文以上

いずれも、年貢収穫前の八月までに山科家が家産財政上必要とする資金を、秋の年貢を担保に前借りし、その都度借用書として小額のカリ請取状を出して公阿弥陀仏にわたした。この方法で、山科言国は四月から八月までの四ヵ月間で下揖保荘の年貢を担保に約二〇〇万円の借金をすることができた。では、秋の収穫・収納時期になって、借金の返済はどのように行なわれたのであろうか。

代官の年貢運上を請人が債務保証

秋になると年貢が進上され、それが銭主公阿弥陀仏への借銭の返弁にあてられる。十二月十三日に下揖保荘から年貢三貫文が運上された。山科家は三貫文をそのまま債権者の公阿弥陀仏に送った。この年最後の年貢米一〇疋＝一〇〇文が十二月二十八日到来した。この日、荘民が干損《ひそん》だといって年貢を減免するように本所に訴えてきたので、九貫文分の年貢を免税している。年度分の年貢はこれですべて全納されたので山科家は皆済請取状《かいさいうけとりじょう》を発行した。請取額が記載されていないので、前年度分の皆済請取状を探すと、明応九年（一五〇〇）十二月の皆済請取状が六〇貫文で出されている。明応六年の皆済請取状も六〇貫文である。したがって、代官島津聟松丸は契約通りに、文亀元年（一五〇一）年度分の年貢額も六〇貫文を全額納入したとみてまちがいない。その結果、本所山科家が銭主公阿弥陀仏から前借りした約三〇貫文の債務契約はすべて返済され清算されたことになる。これまで度々、公阿弥陀仏に渡していたカリ請取状と副借状など借金関係文書は山科家に戻されなければならない。この日「度々請取ソヘ借状共返了」と日記に記録があるから、山科家に借金証文が返却されたことがわかる（『言国卿記』）。銭主と本所との年貢米を担保にした債務契約は清算された。室町時代の債務処理は意外と順調に清算されていた（拙論「中世借用状の成立と質券之法」『史学雑誌』一一一―一、二〇〇二）。

本所と代官と請人

このように本所山科家は一五世紀から一六世紀にかけて、秋の年貢徴収権を担保に家産財政上必要なときに借銭によって収入を先取りしていた。公阿弥陀仏と島津聟松丸は、山科家領の下揖保荘だけではなく、将軍家御料所の備前国香登《かがと》荘でも明応七年（一四九八）十月二十日に請人と代官になっている（宝鏡寺文書『岡山県史』編年史料二〇二七・二〇二八）。代官と請人は、特定の本所に固定化されていたわけではなかった。

東寺領遠江国原田《はらた》荘細谷《ほそや》郷の請負代官の選定では、代官よりも請人にどのような人物を選定するかが重要な問題になっている。東寺は、永享七年（一四三五）七月七日請人として京都の酒屋土倉または有力之仁を立てるように要求し、それが叶わなければ敷銭《しきせん》という保証金一〇貫文を設定するように要求している（東寺百合文書る『静岡県史』一八八六）。このように代官とは別に請人をたてて債務契約を締結した事例を整理すれば、表2のとおりである。

請負代官の請人（連帯保証人）になったのは、京都の酒屋土倉のほかに、丹波屋に代表されるように国名をもった国問屋、相国寺集料都聞《つうぶん》や相国寺聯輝軒《れんきけん》に代表される禅律僧の納所《なっしょ》、竹阿弥・公阿弥らの阿弥衆など、いずれも公私の倉を営んだ人々であった。一五世紀には丹後屋・越後屋・越中屋・筑後屋・下野国商人など国名をつけた京都商人が生まれ、

荘園制下の請人による請負代官の債務保証一覧

本所領	代官	請人
東寺領周防国美和荘兼行方	沓屋帯刀	有徳家主伯耆房祐禅
山科家領信州五ケ荘	代官	口入人僧建徳庵
山城長坂口率分関沙汰人	筒井永久	千本丹波屋
東寺領遠江国原田荘細谷郷	織田主計・甲斐家人	増長院律師長我
北野社領山城国池田荘	納所相国寺集料都聞	敷地右衛門尉
山科家領備中水田郷	代官	聯輝軒
山科家領山科大宅里	少輔	竹阿弥
南御所御料所備前香登荘	島津聟松丸	公阿弥
山科家領播磨下揖保荘	島津聟松丸	公阿弥

特定の国ごとの商売物を荷受し、後でまとめて掛売りの決算処理で決済をする国問屋が発生した時期でもあった（拙論「中世後期における債務と経済構造」『日本史研究』四八七、二〇〇三）。

以上のように、再編成された室町期荘園制の下では、将軍家・禁裏・摂関家や寺社本所など特権支配層は、寺社本所領の年貢徴収権を担保にして借金をすることによって空洞化しはじめた荘園領有権を債権化して財政収入を確保した。本所領からの荘園年貢の未進や飢饉災害・戦争・盗賊、さらには徳政一揆や内乱などによる不良債権などの諸矛盾を、酒屋土倉や国問屋・禅律僧の納所など富裕層にしわ寄せすることによって特権支配層の延命をはかることができたのである。こうしてみれば、室町期の債務契約が高利貸の金融業務といった単純なものではなく、室町期荘園制のシステムの中に組み込まれていたこ

表2　室町期

年
明徳4年(1393)
応永13年(1406)
応永16年(1409)
永享7年(1435)
延徳3年(1491)
明応2年(1493)
明応4年(1495)
明応7年(1498)
明応9年(1500)

とがあきらかである。

名田の不作や損田を認定する本所の検注権は、旱魃や風水害などで在地の要請によって、年貢減免を公認するための社会的手続きとして存続した。

在地の犯罪を裁き罰金をとる本所の検断権も、在地での紛争処理や調停権力として社会的に必要とされ、存続していった。

巨額な資金の調達法

講米と無尽と頼母子

中世社会で寺社を修理築造したり、橋や道路さらには荘園の大風呂を修築したり、年忌法会を営むなどまとまった資金が必要になったとき、中世人は少ない資金を大勢で供出しあって大きな資金を調達し、鬮子《くじ》や順番などで衆中《しゅうちゅう》のものに融通・投資するという工夫をした。それが頼母子《たのもし》・無尽《むじん》・講米《こうまい》や勧進・助成などといわれ、中世社会で急速に発達した。これらは中世の借金のための社会システムであった。

これまでの研究では、融通のために講という衆中をつくり米や銭を供出したものが鎌倉時代の頼母子であり、無利息金融といわれた。担保付かつ利子付のものが無尽銭と説明された。講米は建武年間の蔵王講にはじまると指摘されてきた（小葉田淳「中世における社寺の講について」『日本経済史の研究』思文閣出版、一九七八）。しかし、一九八〇年代に自治体編纂史料などで地方寺社の史料が激増するようになり、講米がむしろ鎌倉時代前期から発達していたことが判明するようになった。

安貞三年（一二二九）に、普賢丸が大和の唐招提寺晦講米《つごもりこうまい》を三石三斗借用し、畠地を質物にして弁済しないまま死去したため、僧湛勝が晦講に宛てて畠地の質流状《しちながれじょう》を出した事例が日本で最古の講米である（百巻本東大寺文書　鎌三八〇九）。正応三年（一二九〇）には、円智が大黒講《だいこくこう》利銭を五貫文借用し、五文子の利子で質物に塩小路地を入れている（白河本東寺文書　鎌一七二七一）。講米や講銭は、鎌倉期にすでに利子付で質物を入れる制度になっていたことがわかる。佐藤和彦があきらかにした播磨国矢野《やの》荘の十三日講は、上村・田井村・若狭野村などの個別村落をこえた大僻宮《おおさけのみや》の信仰圏と重なり土一揆の前日にも開かれていたことが指摘された（佐藤和彦『南北朝内乱史論』東京大学出版会、一九七九）。十三日講は、講米の運用を行なうための経済的基盤として講田と神田をもっていたことが、貞和三年（一三四七）の矢野荘西方実検取帳にみえ、大僻宮講田一町二反と神田一町四反五〇代の田地が講財産として登録されていた（東寺百合文書）。

紀伊国粉河《こかわ》荘東《ひがし》村では、正平九年（一三五四）に観音講衆がみえるほか大地蔵講・四十八講があった（萩原龍夫『中世祭祀組織の研究』吉川弘文館、一九七五）。講衆や結衆は、鎌倉時代一三世紀にはじまり一五世紀にピークに達していたことが指摘されている（千々和到『板碑とその時代』平凡社、一九八八）。

無尽の史料は建長七年（一二五五）幕府追加法三〇五条に「鎌倉中の挙銭、近年無尽銭と号して質物を入れないと借用を許さず」とあるのが初見史料である。銭貨出挙である挙銭（上銭《あげぜに》）のうち、鎌倉において質屋が質物をとって利子付で貸し出した借銭が無尽であった。永仁二年（一二九四）八月六日御使又次郎が無尽銭一貫文を、三〇日を一月として六文子で借用し、口入人僧行観が連署している（金沢文庫文書　鎌一八六一八）。たしかに、無尽銭は利子付貸付金であった。

頼母子の初見史料は、建治元年（一二七五）の高野山領紀伊国猿川《さるかわ》・真国《まくに》・神野《こうの》三荘官請文であり、荘官らが「憑支《たのもし》と号し百姓の銭を乞取ること」を禁止している（高野山文書　鎌一二一八四）。荘官と百姓らが共同で懸銭《かけせん》を出し合い、無利子・無担保で大きな資金を調達した。正慶元年（一三三二）七月十二日の高野山領紀伊国荒川荘荘官請文にも「或は憑支を構え、百姓銭を取りながら自身は懸けざるの事」と禁止している（高野山文書　鎌三一七七七）。荘官らが百姓らと共同で頼母子講を組みながら領主は懸銭を支払わないという事例が存在した。このため、頼母子は相互扶助の機能か、百姓からの収奪機能をもっていたのか、という論議が行なわれたことがあった（三浦圭一『中世民衆生活史の研究』思文閣出版、一九八一）。

しかし、鎌倉後期には、講銭や無尽・頼母子の細部の違いがわからなくなり、無尽銭も頼母子の講的性格をもつようになったらしい。永仁五年（一二九七）十一月二十日伊賀国黒田《くろだ》荘大屋戸《おおやと》では無尽米衆という衆中が組織され、懸米を拠出しあい、無尽米衆として相伝私領をもっていた（百巻本東大寺文書　鎌一九五四〇）。

講米による寺院の修造

注目すべきは、この時期に、中世寺院の寺内組織として頼母子講が発達していたことである。嘉元四年（一三〇六）十一月二十六日、高野山で法橋《ほっきょう》覚雅・阿闍梨《あじゃり》聖英・同明豪・入寺《にゅうじ》快意・同泰助・預《あずかり》教念・同唯性・大法師《だいほっし》明然・同頼禅・同禅忍の一〇人が憑支衆《たのもししゅう》となっており、入寺聖達房泰助は懸銭が払えずに相伝私領の水田を憑支の質に入れていた。ところが、同年三月二十五日に高野山の火事で功徳聚院が焼失して関係文書も焼けてしまったので、十一月二十六日に紛失状を立券した（高野山文書　鎌二二七七八）。この一〇人の憑支衆の僧侶のうち、阿闍梨覚雅・同聖英・同明豪・大法師明然・同頼禅・同泰助の六人は、阿弖河《あてがわ》荘の事項について金剛峰寺の衆徒四一三人が連署した金剛峰寺衆徒一味契状に名前と花押が現存する（高野山文書　鎌二一九二二）。僧侶らが寺内の融通機関として相互扶助のため頼母子講を組織していたのである。

同様のものは法隆寺でも『嘉元記』にみえる。この史料は嘉元三年（一三〇五）から貞治三年（一三六四）七月までの寺誌であるが、延慶三年（一三一〇）三月十二日から惣社明神の造営が行なわれ、翌十三日条に「今度之造替ハ、寺中公私之蔵々、或人々ヲ勧テ、極楽憑支ヲ勧集テ、百貫文取テ、此足ニ用フト云々」とある。ここから、鎌倉末期の法隆寺では、堂塔修理造営のために、寺中の公私之蔵や衆中に勧進して「極楽憑支」という頼母子講をつくり、一〇〇貫文＝一〇〇〇万円ほどの用途をあつめて惣社の修造を行なったことがわかる。

伊勢神宮でも正中二年（一三二五）正月十六日権禰宜度会《ごんねぎわたらい》神主が「しきたのもし（信貴頼母子）のようなり」として二貫□百文の利銭を借り、五文子《ごもんこ》の利で十二月中に返済すること、不履行のときは「をさかの畠」「くつれの畠」合一段三丈を「二十年年作《ねんさく》に限り」進退を認めるという年季売りの契約文を作成している（光明寺文書　鎌二八九六二）。ここから伊勢神宮でも権禰宜ら神官が頼母子講を組織して、その用途を借金で調達したとき、畠を年季売りの質物にしていたことがわかる。なお、この請文には、利銭の額の下に「弐貫五百文さたをいたす、嘉暦元年六月二十八日」など複数の追筆があり、書面を三本の墨線で抹消している。約束の返済期日を半年もすぎた嘉暦元年（一三二六）六月二十八日にようやく二貫五〇〇文を返却して無事債務処理がなされたため、文書の効力を無効にするため抹消の墨消しがなされたものである。禰宜層が伊勢神宮の主導権をもちはじめるようになる。

こうして鎌倉末期には中世寺社の堂塔の修理費や寺内衆徒の相互扶助のために頼母子講や無尽講の組織が発達して、貸借取引の供出や勧進によって資金を調達する方法が発達したことがわかる。南北朝から室町期には、禅宗の祠堂銭《しどうせん》をつかった貸借取引での資金調達が発達する。

信濃国伊那郡西岸寺の六世大徹至鈍《だいてつしどん》は応安六年（一三七三）幕府から諸山に列する御教書をえて、寺院経営の原則である規式を定めた。寺の造営費と住持得分を確保するため、本銭一〇貫文を出して無尽銭とし、利子は月額一〇〇文につき五文で、ほかに目銭《もくせん》として月額一五文の付加的利子を徴収した。住持得分の無尽銭は、月額一貫文をこえる分は、造営銭にあてることにして水月庵が管理し、造営のための無尽銭は都主寮《つうすりよう》が管理した。地方寺社が本銭を提供して利子付で貸し出した借銭も無尽銭と呼んでいる（西岸寺規式　寶月圭吾『中世日本の売券と徳政』前掲書）。

南北朝から室町期には、無尽や頼母子で講をむすび米銭を供出して、鬮子《くじ》・双六《すごろく》や順番に貸し出す契約状が数多く残されている。康永四年（一三四五）廻憑支《まわりたのもし》契約状は在地領主田代氏の惣領を親として一族・代官をメンバーに衆中をむすび頼母子の掟をつくった（田代文書）。至徳四年（一三八七）下総香取社領での無尽契約状（香取文書纂）。享徳三年

（一四五四）新薬師寺憑支起請文（荻野三七彦所蔵文書）。明応七年（一四九八）紀伊国王子神社頼母子講掟書（王子神社文書）。永正十年（一五一三）廿日憑米《たのみまい》預人数注文（井口文書）などがある。「頼母子衆中をはずれては何事も合力あるまじく候」と約束している（拙論「無尽・頼母子」『歴史学事典』弘文堂、二〇〇二）。

合銭と合力銭

十四世紀に入ると、利殖を目的に少銭を供出して銭を貸し出すことがひろがった。これを合銭《あいせん》とか合力銭《ごうりきせん》といった。早いものでは、元亨三年（一三二三）重康なる武士が、鎧・大刀・琵琶を購入するため合銭五貫文を借用し、彼の所帯を保証した「関東御下文并御施行等」の文書を質物に入れている。月別五文子で年中の返済を約束している（和田文書　鎌二八五二八）。長禄元年（一四五七）十二月五日の法令に「諸土倉酒屋日銭屋《ひぜにや》等の合銭のことは、質物をとっているから、借書の文案にかかわりなく破棄すべし」とある（『室町幕府法』追加法二五七条）。合銭は質物をとって貸し出していたことから、徳政令が適用されて債務免除になったことがわかる。しかし、個別事例では、裁判になる事例がある。文正元年（一四六六）土一揆がおき、土倉がおそわれ質物などが押し取られたとき、徳政令が出て合銭も破棄された。幕府は諸土倉中に対して私力で公役を勤仕するように命じた。しかし、相国寺徳芳軒（昭首座《しょうしゅそ》）は、なお合銭の返済を禁裏御倉の辻宗秀に要求して攻め立てた。文明九年九月二十九日、辻宗秀は幕府に提訴している。文明十年（一四七八）にも、富田藤左衛門尉が合銭五〇貫文を酒屋北村盛貞に貸し付け、四〇貫文までは返済されたが、残額一〇貫文の返済を催促した。債務者の北村は徳政令で合銭一〇貫文は破棄されたはずだと幕府に提訴している（『政所賦銘引付』）。このように、合銭は禁裏御倉や酒屋など高利貸業者が債務者であることが多いことから、出資者が銭をあつめて利殖を目的に高利貸業者に投資したものと考えられている。永禄四年（一五六一）八月には、石清水八幡宮の安居頭役《あんごのとうやく》をつとめるために、山城国淀郷の神人《じにん》六人が衆中をつくり少銭をとりあつめ一〇〇貫文の合銭にして利殖のために投資をしていた（百瀬今朝雄「文明十二年徳政禁制に関する一考察」『史学雑誌』六六―四、一九五七）。

こうした神人や座・惣・町ごとにその構成員が共同出資するものに合力銭がある。日吉社の小五月会において左方馬上役《ばじょうやく》をつとめてきた馬上合力神人らは、応仁文明の乱の以降になって、石清水八幡宮神人に転身しようとするものが出てきた。幕府は転身を禁止し、日吉社神人にもどし合力銭を配分して神事をつとめるように文明十年（一四七八）十一月十六日に馬上一衆中に命じている（『室町幕府文書集成　奉行人奉書編』一一四〇）。日吉社の小五月会の用途は、馬上合力神人らが合力銭を拠出して、それを管理・配分して祭礼を実施していた。しかし、借金の負担が重くなるにつれて、合力銭の負担を逃れようとして石清水八幡宮など他社の神人になるものがふえていた。日吉社小五月会の馬上役は一〇〇〇貫文余の巨額な資金が必要であったため、土倉酒屋風呂屋が毎年一〇貫文を捻出・拠出していた。応仁の乱以降は、合力神人らの負担金である合力銭に依存するようになった。いまや神人身分にともなう課役のようになってしまった（河内将芳『祇園祭と戦国京都』角川叢書、二〇〇七）。

文明十年三月十四日、納所の兵衛五郎が下京合力銭を借用しながら応仁の乱による徳政だと号して返済しなくなった。債権者の中村掃部助清久がその弁償をもとめて幕府政所に提訴している（『政所賦銘引付』）。下京合力銭も、下京という町組が供出した合力銭であり、それを貸し出して利殖をはかっていたのである。これまでも注目されてきた「馬上・衆中」という共同体的性格は合力銭の拠出・運用という資金調達システムによって支えられていたのである。

助成と勧進　合力銭や合銭は、本来自発的な供出によって少銭をあつめて投資するものであった。しかし、神人や町・京中が均等に供出するようになると、共同体による構成員への強制的な課役や税負担との区別がなくなってしまう。寄付や勧進などの募金と税金との接点は意外と大きい。以下、この検討に移ろう。

文治三年（一一八七）七月二十七日、源平争乱で焼失した善光寺を造営するため、源頼朝は信濃国目代の比企能員《ひきよしかず》に国内の荘公沙汰人に対して勧進上人に与力するように命じ、奉加しない者の所領は没収すると言明した（『吾妻鏡』）。一九九八年長野オリンピックの年に「文治三年法泉房」と陽刻銘のある鋳造大日如来小座像が長野市で発見された。この法泉房も勧進上人の指揮下でたくさんの勧進聖のひとりとして寄付を募ってあるいていたのであろう。善光寺での再建事業は所領没収という処罰をともなった勧進によって推進されたのである。その勧進の実態はどのように変化したのか。興福寺の事例をみよう。

平重衡《しげひら》が焼いた興福寺の再建は寺家沙汰による造営といわれたが、建永二年（一二〇七）八月三日興福寺は大和国城下郡《しきのしもごおり》刀禰《とね》司《つかさ》らに対して「菩提山上人専心の勧進にまかせて、造北円堂用途を奉加し、かねて諸郷沙汰人らは奉加物を納め早速南都勧進所に送りたてまつるべし」との命令文書を出している（弥勒感応抄　鎌一六九三）。

大和国では勧進によって東大寺領の人夫までが合力して興福寺の瓦土を打つ役に参加し、「かの例をもって恒例の勧役をなす」といわれている。自発的な合力活動であったものが、いつのまにか「恒例の勤役」といわれるように夫役に変化してしまった。建治三年（一二七七）にも火災で消失した興福寺の再建事業が行なわれたが、弘安六年（一二八三）には「土打役《つちうちやく》は一国平均の課役として権門勢家領を論ぜず催促せしむべし」との宣下《せんげ》（宣旨）での命令が出されていた（東大寺文書　鎌一四八四〇）。こうして律僧の勧進活動によって大和国内で生まれた興福寺造営のための土打役は、弘安年間になると天皇の命令による一国平均役という課役に転化している。この歴史をあきらかにした安田次郎は「課役と勧進の距離は意外に少ない」といい、勧進の体制化によって課役という税金がうまれてくる謎をときあかそうとしている（安田次郎『中世の興福寺と大和』山川出版社、二〇〇一）。

正応四年（一二九一）十月十一日紀伊国高野山領荘園で、荘官の沙弥西信は「或は勧進と号して、或は助成と称して、百姓の物を乞い取ることはしない」と誓約する請文を提出している（高野山文書　鎌一七七二九）。荘官や地頭が、百姓に勧進や助成と号して寄付を募りながら、それが実際には強制的な課税徴収になっていた。勧進や助成・所望などに応《こた》えて寄付をすることが、廻りめぐってみんなが少銭を負担するのだからと義務化されて、一国平均役として賦課される。税金が誕生するひとつの道がみえる。

もうひとつは、領主による借用の強制化――領主が借金を押し付けながらかえさないこと――が頻繁になされた。領主の横暴・身分制社会の悲惨さである。

領主による借金の強制

古くは、近江国奥島荘《おくしましょう》で勧農の時期で多忙なとき、下司が無理に百姓らの馬三疋を借り出した。百姓らは下司がみだりに押借《おしかり》し七日間取り込めてようやく返したと非難した。下司はまったく押し取ったのではなく、馬が自分でやってきたので借りたまでで百姓の妻女も承服したことだと反論して、仁治二年（一二四一）九月に預所での裁判になった（大島

奥津島神社文書　鎌五九三〇)。下司の押借という現象が鎌倉時代からはじまっていた。

紀伊国猿川・真国・神野荘の荘官は建治元年（一二七五）十二月「或は客人祗候料《まろうどしこうりよう》と号し、或は借物《しやくもつ》と号してその募りなく米・銭を百姓に宛てることをしない」と誓約する請文を出している（高野山文書　鎌一二一八四)。古代から中世では、客人や使者を迎えるときは祗候雑事とか厨雑事《くりやぞうじ》といって、現地の百姓が接待料を共同で負担する慣習があった。坂迎え・落着《おちつき》・三日厨《みつかくりや》といって客人や使者を村境へ迎えに出て食事を出し、屋敷に到着したときは落着の食事と清酒・濁酒《にごりざけ》を出す。歓迎の食事と宴は三日間つづき、四日目から滞在期間中は平厨《ひらくりや》とよばれる普通の食事が出された。使者や客人が多いほど、滞在中の食事接待費は膨大になったので、荘園や村での共同出費としてみんなで負担しあった（拙著『日本中世の国政と家政』校倉書房、一九九五)。こうした田舎の慣習法によって、荘官らが借物だといって、募集もしないで均等に百姓へ米と銭を宛て課す事例が多かった。現代でも赤い羽根募金を区が均等に割り当てたり、区費から支出したりして社会問題になったことがあった。

鎌倉末期の加賀国軽海荘でも悪党が乱入してきたとき、守護使と郡使らが借用と号し或は平所望《ひらのしよもう》の儀だとして、米・大豆など雑物をつぎつぎと借用した。付跡＝代付《だいづけ》（代金）をもらわないと百姓らが難儀することになるが、無力のため仕方がなく負担し、「郷例」になっていた（金沢文庫文書　鎌三二二〇二）。警察権をもつ守護使や郡司が馬の飼料や滞在費を百姓中より借用しながら、返済しないで事実上臨時課役になっていた事例である。

東大寺七郷、興福寺七郷という寺領郷が存在していた。その発祥は不明であるが、「寺辺二里」に認められていた「寺辺村」にはじまるものと考えられる。東大寺七郷は、転害・今小路・宮住・中御門・押上・南院・北御門の七村をさし、本所の東大寺が課税権をもっていた。東大寺の最高意志決定機関である惣寺《そうじ》は、御借米といって郷内の百姓から借米することがあった。文和元年（一三五二）にはじめて御借米が懸けられたので、郷民らは住宅を質物にし、田畠を利銭の質に差しおいて種々工面して進上した。郷民の借物は利子が倍額になり、銭主からの返済の催促の使者が責め来るようになり、郷民が困窮・逃亡する要因になった。ところが、文和四年（一三五五）に、武家兵粮用途として東大寺に三〇貫文を負担するように命令がでた。東大寺の惣寺会議はまた七郷の郷民から借米をすることにし、郷内に宛てて九月五日以前に取り集めて進上するように命じた。七郷の郷民らは寄合を開いて合議して八月東大寺の惣寺会議に対して土民らの窮状を訴えて御借米を拒否する言上状を提出した。郷民らは、追加の条文で、今度の御借米について、つぎのように主張している。

今度の御借米では、前回とはちがって、面々に募集してあるく族《やから》を立てることをしないのか。均等に割り振らないのは、そうしなくても募金を備進することができるのか。本社の散所神人・若宮の現護散所・仕町散所・御童子・四郎唐人の末孫など御所御領内で指定されている者やそのほかの在家にもなお漏れることなく賦課されるのか。これらの項目について上の意見をきいてほしい。撫民《ぶみん》の裁決をおねがいしたい（東大寺文書五―一五三）

この結末は不明である。だが、東大寺周辺の七郷の郷民が東大寺から借米を求められて、文和元年（一三五二）のときは郷民が替銭屋から借銭して荘園領主に進上した。郷民らは高い倍額の利子の支払いに夜逃げ寸前の苦労をした。その経験があったればこそ、文和四年再度三〇貫文の御借米の申し入れを受けたとき、郷民は拒否する申文を提出できた。郷民らも確実に債務返済の苦しみを体験することによって、荘園領主に抵抗する術を獲得していた。中世では軍隊の兵糧米を借用米によって調達する方法がとられていたのである。

室町将軍家も公方御料所の荘園年貢の納入をまっていられずに行事の用途が必要になるとき、借用の手段をもちいた。将軍足利義満は応永元年（一三九四）に日吉社参詣を行なった。それに先立って八月三日に準備事項を取り決める評定始《ひょうじょうはじめ》を行ない、その中で「富有之輩に料足を借用すべし《冬に至り三ヵ荘の聖供《せいく》をもってこれを返すべきこと》」などと決めている（『日吉社室町殿御社参記』『大日本史料』七―一）。坂本の土倉三九ヵ所のうち本倉三〇ヵ所には五〇貫文、新倉九ヵ所には三〇貫文を彼岸所荘厳料《しょうごんりょう》として賦課した(同)。「富有の輩」(有徳人)や土倉から強制的に借用したのである。その年の冬に三ヵ荘の荘園年貢で約束通りに返済したかどうか不明である。

貸し借りと社会の絆

以上の検討から、中世社会では、多くの人が少ない資金を供出して、それを特定の人が借金をするという債務契約を結んで、大きな資金を調達したことがわかる。それが講や座といわれるように社会の絆をつくり、共同体的な社会関係の秩序を生み出し、再生産する役割をもっていた。勧進や借用といって領主が借用を強制することも日常的であり、あらゆる日常生活のなかで借金をしなければならない社会システムになっていたことがわかっていただけたと思う。中世の社会経済システムには貸借契約が組み込まれ、債務や借金によって社会が循環していく構造になっていた。しかも、それが、地域社会における講や座など共同体的秩序を生み、社会の秩序や絆を維持する役割を果たしていた。債務契約が果たした社会的機能のひとつである。

これまでの中世史研究においても、惣・一揆・衆中・座・講などヨコの共同体的結合の存在が注目されてきた。しかし、その淵源について検討されていない。中世は、売買取引よりも貸付取引に依存する社会であり、人格的依存関係による一定の人的結合組織をつくり少ない資金を拠出して一定額の資金を調達する相互扶助組織が発達した。その内部では、借用・運用・返済という債務契約が発達した。この人的依存関係による債務契約こそが社会の絆となって、共同体的社会関係の社会秩序をつくり出したのである。しかし、この前近代的債務契約は、メンバー以外の人々を疎外する排除と差別の原理をあわせもっていたことを忘れてはならない。

借金のおかげで社会がまわる

借金の種類

現代社会は商品を基本として売買を中心とする社会であるが、中世社会はむしろ借金に依存して、ものを質にいれて貸し借りでものを動かしていた質経済中心の社会であった。そのため借金にも色々な種類があり、それによって社会が動く分野がひろがっていた。そこで本節では、中世の借金の種類がどのようなものであったか、それがなににつかわれ、社会はどのように動いていたのかみておこう。まず、中世史料にみえる借金の種類と思えるものをあげよう。

出挙米・出挙銭・替米・借上物・上分銭・利銭・挙銭・無尽銭・借米・借上銭・借銭・講銭・替銭・古銭・上銭・加地子銭・借用・頼母子・憑子・助成銭・合銭・合力銭・預銭・祠堂銭・散銭・奉加銭・敷銭・季頭物銭・惣寺借銭・日銭・時借・預銭・御公銭・

蔵銭・えびす銭・懸銭・御貸米・道米募銭・売懸・買懸・召銭・極楽銭

個別の名前がつけられているのだから、それぞれ特別の性格と種類であったのだが、いまとなっては読み方もわからないものが多い。これまでの研究や史料から多少性格のわかるものについて説明しよう。

出挙米・出挙銭は古代社会から存在したことはすでにお話した。中世文書には「すこ」（高野山正智院文書　鎌一四三三二）、「しゅこ」（大徳寺文書　鎌三一三九三）、「すこのよね」（勝尾寺文書　鎌二七九九二）とかな文字で記されているから、中世人の呼び方を知ることができる。出挙の利息は古代の私出挙の影響でほとんどが「五把利《ごわり》」と記されている。ただ、古代の公出挙の利子は延暦十四年（七九五）閏七月一日の勅で五割から三割に引き下げた。大同年間に五割にもどし、弘仁元年（八一〇）には再度三割になっている。中世でも勝尾寺文書（鎌二四八三六）と東大寺文書（鎌一四〇〇八・二五五〇二）で「三把利《さんわり》」の記載がある。中世の出挙には前出の「八把利」のほか、「四把の利」の事例もみえる（国会図書館文書　鎌補遺二〇七〇）。中世の出挙の利子率は古代法のように定まってはおらず、さまざまである。

出挙米と税金

出挙米は、一一世紀の国衙領における負名《ふみよう》の税制の中に制度として組み込まれたことに留意する必要がある。古代では租と並んで正税出挙＝公《く》出挙が納税となっていたといわれ、正税帳が残され、近年では正税木簡の出土もふえている。一一世紀の国衙領における負名の徴税システムで興味深いのは納税の品物が米と潁《えい》(稲の穂)の二つに区分されて決算帳簿がつくられていたことである。

永承元年(一〇四六)から天喜元年(一〇五三)まで大和国犬丸名《いぬまる》が国衙に納めた税金は、すべて米と潁で納入されていた(東大寺文書　平六三九。稲垣泰彦『日本中世社会史論』東京大学出版会、一九八一)。安芸国国衙領でも官米と乃米《のうまい》の二本立てになっており、中世年貢は両者を合計した高い納税率になっていくことが指摘されている(勝山清次『中世年貢制成立史の研究』塙書房、一九九五)。私が注目するのは、安元二年(一一七六)正月に作成された周防国今同名《こんどうみょう》の結解状《けげじょう》が「名田官物ならびに乃料結解目六」といわれ、名田の税制が官物《かんもつ》(=官米)と乃料《のうりょう》(=乃米)の二本だてになっていたことだ。しかも、今同名の下部単位である玖河《くか》・周防・神代保という三つの保のうち、神代保の結解状も官物《かんもつ》結解《けげ》と乃料結解《のうりょうけげ》の二本立てであった。ところが玖河・周防両保については官物結解のみで乃料結解を提出していなかった(野坂文書　平補三七八)。その理由について負名を請け負った源兼光はつぎのように主張した。

玖河・周防名田の乃料については春時の勧農使高経が下行しなかったので秋に究済せず、乃料の済徴は高経の沙汰なり、御推察を垂るべし(野坂文書　平補三七九)

周防国玖河・周防両保では勧農使の高経が出挙米を下行（支給）しなかったので秋の収納もなく結解状をつくらなかったというのである。ここから判明することは、名田に賦課される乃料は、春の勧農使が種子・農料を貸し付ける出挙を下行したときに賦課されるものであった。勧農使による出挙米の下行がないときには、正税の官物は納税しなければならないが、乃料の負担はしなくてもよかったのである。

安芸の新出史料である寛治三年（一〇八九）二月大中臣永末田畠売券（徴古雑抄）にも「官物ならびに出挙代を弁進申す田畠事」とあり、名田にはやはり官物と出挙代が賦課されていたことがわかる。

以上から、一一世紀から一二世紀の負名に賦課された税金は、正税・官物・官米系列と出挙・乃料・乃米系列の二つになっており、中世の年貢は両者を合計したものであったことが判明する。したがって、勧農使が出挙の下行をしなかった場合には、乃料の支払をしなくても済んだ。勧農使が春下行して秋収納するのが公出挙であった。それは種籾と食料を貸し出したのであるから、頴という稲穂のままで秋に返済したものであった。だから、官物・正税は米で納め、乃料・出挙代は稲穂で納めたのであろう。

こうなると、春の勧農使が出挙としてどのような種類の種籾にするかは負名や郡単位ごとにきまっていたことになる。しかも、出挙は頴という稲穂で借りて、秋に返すときには籾で返すのか、玄米で返すのか、白米にして返すのかは、農作業の手間と米の量《かさ》が変化するので農民にとっては大きな問題であったと考えられる。

乃米・黒米と官米・白米

最近、平川南は、出土木簡の中に種籾の名前を書いたものが多く出土している事例をあげ、「畔越《あぜこし》」「足張《すくはり》」「長非子《ながひこ》」「白稲《しらしね》」などは近世の種籾の種類に共通していることを指摘している（平川南『全集日本の歴史二 日本の原像』小学館、二〇〇八）。ここでも古代の農業が近世のものと類似し、早くから高度な管理的栽培技術をもっていたとする私の推測を裏づけてくれる。

問題は、なぜそうした種籾に札をつける必要があったのか、種籾はだれが管理するものか、その時代的変遷を解明する必要がある。私は一一世紀から一二世紀の国衙領の名田において税制が官米と乃米の二本立てになっており、出挙米の貸付が春の勧農使の下行《げぎょう》（支給）としてシステム化していたことに注目したい。

中世の税制は、名田から官物を徴収するだけでは不十分だとして、春に種籾食料を負名に貸し付けて秋に乃米を納入させる義務を制度として組み込んでいた。勧農使は負名や郡・荘園単位に派遣されるものであるから、出挙代の種籾の種類をなにに指定するかは、名や郡・荘園単位に決められていたことになる。作付け種籾の選択は、名や郡・荘園の秋の収穫量を左右することになる。その年の秋の天候不順が予想されるときは早稲《わせ》の種籾をえらび、台風が早い予想のときは晩稲《おくて》を多くしなければならない。郡や負名ごとに種籾を配分・下行するとなると、年ごとの種類の選択から量の管理も大変である。負名や郡・荘園ごとに勧農使の倉には多種類の稲の種籾を保管しておいて毎年の予想によって種類を変えなければならない。勧農使の御倉には多くの種籾の名札をつけて多品種の種籾を倉に準備しておかなければならなかったものと想像される。

東大寺領で賦課された封米は官米《かんまい》と能米《のうまい》（乃米）にわけられており、乃米は黒米・玄米《げんまい》で造営事業の工人に支給され、中世では年貢のことを乃貢《のうぐ》といった（竹内理三「荘園語彙考」『荘園制社会と身分構造』校倉書房、一九八〇）。やはり、出挙代としての乃料は、中世では穎《えい》（稲穂）か籾か玄米で支払ったものと私は考える。玄米を舂米《つきまい》にしてさらに白米にして納入するのでは農民の負担はさらに大きい。中世の農民は、籾か玄米での納税を認めさせていたといえよう。

平川南の教示によれば、茨城県下館市栗嶋《あわしま》遺跡で「伊佐郷舂米四十一斛《白六石》・□□米料八百廿束　□□□」という木簡が出土している。古代の税制においても、稲を束でかぞえ、それを舂米にした場合と白米に換算する量をきびしく指定していた。三重県多度《たど》郡柚井《ゆい》遺跡でも「桜樹郡□頭守部穎代籾一石」という木簡がでている。ここでも稲穂の穎を籾に換算する方法が規定される必要があったのだ。出挙は国が農民に押し付けた借金であり、そこからどれだけ収穫をあげるかは、負名の名主や郡・荘の勧農使にとっても重要な問題であった。したがって、官米・乃米を穎にするか玄米にするか白米にするか、その換算率をどうきめるか（＝代付）は、税額を左右する重要問題であったことはまちがいない。

出挙米という借金があるため、負名や郡・荘園では、勧農使が選んだ種籾の種類によって秋の収穫量が大きく左右し、税制の決算帳簿にまで関係し、受領国司の勤務評価にも関係した。中世の年貢には出挙代がはじめから組み込まれ、国が借金を強制して秋に利子をつけてかえさせて、税収をふやしていたのである。

銭出挙から貨幣の貸し借り

米出挙とならんで銭出挙《ぜにのすいこ》が古代から存在した。中世で一般化するのが「挙銭《こせん》《あげせん》」である。出挙銭から挙銭がうまれた。挙銭は、古代法の延暦十六年（七九七）四月二十日官符や弘仁十年（八一九）五月二日格では「公私挙銭」とみえる。「公私に銭を挙《いら》ふ」と読み出挙銭（銭貨出挙）のことである。古代では「挙」＝いらふ＝貸付の意味であった（中田薫『法制史論集』前掲書）。建久四年（一一九三）十二月二十九日後鳥羽天皇宣旨ではじめて中世における「銭貨出挙」の用語が復活（『法曹至要抄』）し、承元二年（一二〇八）明法勘文《みょうぼうかんもん》でも「出挙銭」の利子規制が問題になった。民間でもようやく建保四年（一二一六）四月十九日の去文《さりぶみ》に「出挙銭」という用語が初見される（東寺百合文書　鎌二二二六）。嘉禄二年（一二二六）公家と武家が一体となった新制によって延暦十六年の銭出挙の利半倍法が復活し、嘉禄二年正月二十六日関東下知状に貨幣の貸し借りである「挙銭」が中世最初の用語として登場する（新編追加　鎌三四五五）。

こうして挙銭は一三世紀初頭から公家法や武家法にもっぱら登場し、古文書には「りせに」が貨幣による利子付貸借の意味でもちいられている（東大寺文書　鎌一二九三二）。鎌倉市中では、延応元年（一二三九）前後に「挙銭」が広がっており、北条泰時は同年五月二十六日南新法華堂六斎日湯薪代銭を寄子《よりこ》が未進したとき、頭人が「挙銭」を借りて寺家に代納するように命じたことは前述した。挙銭の早い時期の史料である（『吾妻鏡』）。建長七年（一二五五）の関東下知状（新編追加）にも「挙銭」がみえる。

出挙米を「すこのよね」とする文書があることから「こせん」とルビをふる研究者がいる。中世では「本銭子銭」（金沢文庫文書　神六四三六）とか「本子《もとこ》」（武雄神社文書　鎌二九一二九）とあり、利子のことも「子銭《こせん》」と呼んでいる。他方で「古銭一倍たるべし」（蜷川家文書三六六）とあるから、明応のころ挙銭を「こせん」と呼んでいたことがわかる。

挙銭を「あげせに」とも呼んだらしい。貞治二年（一三六三）武蔵国船木田荘で「善久上銭」（東福寺文書『神奈川県史資料編』六八九。以下『神奈川県史資料編』からの引用は神六八九の如く略記)、康暦二年(一三八〇)朽木家古文書に「貞行上銭」、永正年間金沢文庫文書に「金堂上銭」(神六四五六)、永正十七年(一五二〇)徳政法条々に「上銭事」(蜷川家文書四六六)とみえ、中世後期では「上銭」が多く見えるので挙銭=あげせん=上銭とも呼んでいたことがわかる。

替米と替銭

替米《かえまい》は平安時代から鎌倉初期にみえる借米で、米を貸し付けた。永承四年(一〇四九)十一月には「加賀前司殿御替米」とあり(東大寺文書　平六七四)、永承五年「廿二石□殿替米」とある(東南院文書　平六八七)。受領の加賀前司名義で敬語がつけられた替米が東大寺領の官物で送られていた。鎌倉期の替米も建仁二年(一二〇二)五月六日付の恵光房の借文《しゃくもん》(高山寺文書　鎌一三〇二)に関連して「万徳カ替米、明慶カ替米」という史料(同　鎌一三〇三)がでている。替米には個人の名前がつけられており、借文という貸借取引にかかわるものであることはわかるが、その性格についてはなお不明な点が多い。

替銭と中世為替

替銭《かえぜに》は、永仁元年(一二九三)十二月二日加治木頼平替銭請取状(東寺百合文書　鎌一八四一八)が初見史料とされたが、その後、荻野三七彦・渡辺規文・豊田武・松岡久人・田中稔・井原今朝男らが新出の替銭史料を紹介してきた。いまでは建長六・七年(一二五四・五五)頃の尊永書状(因明短釈紙背文書　鎌七七〇五）や年未詳十一月十八日掃部助宗継替銭送状（因明短釈紙背文書　鎌七七一一）がもっとも古い替銭史料であることがわかっている。たとえば、建長六年二月十八日尊栄書状には興福寺東菩提院の住僧勤蓮房に宛て、つぎのようにある。

又因幡国長田尼御前、銭廿貫文を替《か》えられ候き、弁済され候□、去々年《癸子歳》十二月事候也、但過去年三月比《ころ》、百文別十文利分を相い副え弁ずべく由約束□、しかると雖《いえど》も今に無音に候、不審きわまり無く候（鎌七七〇七）

因幡国に住む長田尼御前が銭二〇貫文を替《かわし》にして弁済した。それは二年前の十二月のことである。しかも去年の三月ごろには一〇〇文別に一〇文の利子を支払うとの約束を勤蓮房とした。しかし、いまにいたるまで何の連絡もない。きわめて不審である、と因幡の女性にかわって尊栄が問い合わせているのが書状の内容である。「替銭二十貫文」とも記され、別の文書には「鎌倉の御女房よりの御かわしせにの事」とあることから、替銭＝「かわしせに」であることが判明する。しかも、この契約には十文子《じゆうもんこ》という最高額の利子がつけられていたから、あきらかに二〇貫文の替銭は、利子付貸借関係であったことがわかる。しかも、因幡にすむ長田尼御前と興福寺の住僧勤蓮房とどこか遠隔地にいる尊栄の三者が関係者である。因幡の長田尼が遠隔地に銭を送金するために銭を「かわしせに」にし、興福寺の僧が預かった金に利子をつけて支払う約束をしていた。ところが、なんの連絡もないので、口入人の尊栄が心配になって興福寺僧に手紙を書いたのである。

こうした手紙の解釈をめぐって為替やかわしの研究が進行している。中世の替米・替銭については阿部愿「替銭・替米ニ就キテ」（『史学雑誌』一三―六・八、一九〇二）以来、三浦周行・豊田武など多くの研究者によって為替として検討されることが多かった。しかし、百瀬今朝雄「利息付替銭に関する一考察」（『歴史学研究』二一一、一九五七）は替米・替銭の本来の性格は「両所通銭之義也」（『下学集』）とあるごとく、利子付や運賃払いの替銭も主たる性格は他地払いでの送金や消費のための借米・借銭であったと解釈した。替銭も中世の借金の一種類として検討する道ができ、私もその方向で研究をすすめてきた。しかし、大半の研究者は替銭を中世の為替として理解しており、近年は桜井英治が一〇貫文の流通型為替が存在したとする新説を提起し（『日本中世の経済思想』岩波書店、一九九六）、宇佐見隆之『日本中世の流通と商業』（吉川弘文館、一九九九）が桜井説を批判し、久田松和則『伊勢御師と旦那』（弘文堂、二〇〇四）や早島大祐『首都の経済と室町幕府』（吉川弘文館、二〇〇六）が新見解を提起し、為替や流通・商業史として活発な論議がつづいている。ただ、債務史との関係についてはほとんど論議がなされていない。中世の為替も借銭という貸借契約の中から発達してきたのではないか、という仮説（拙論「中世東国商業史の一考察」『中世東国史の研究』東京大学出版会、一九八八）については、桜井・宇佐見らも支持しており共通認識になりつつある。中世の為替研究のためにも債務の研究が不可欠なのである。今後の研究課題がたくさんのこっている分野である。

無尽銭と利銭

無尽銭は頼母子や助成の一種類として前述したが、同じ用語なのにそれとはまったく性格の異なる借銭が存在した。建長七年（一二五五）八月十二日の幕府の追加法に鎌倉中の挙銭の中で近年「無尽銭」と号して質物をいれなければ借用を許さない貸借契約が増えていることを記している（関東下知状追加法三〇五）。鎌倉市中の挙銭のひとつとして質屋の貸付金を中世人は「無尽銭」とよんでいた。弘安元年（一二七八）五月以前にも淳弁阿闍梨が「無尽銭質物」に文書をいれていた（『祇園社記』鎌一三〇六五）。弘安二年にも鎌倉住人慈心が腹巻を質物にして無尽銭を借りて利子分が元本の倍になってしまったので質流れになっている（新編追加　鎌一三七七三）。永仁二年（一二九四）八月六日には無尽銭が六文子の利子であったことは前述した。応永十八年（一四一一）八月十四日香取社での無尽銭も六文子であり（旧案主文書七六）、いずれも高利である。こうした質屋・土倉の貸し出す無尽銭と、頼母子と類似した無尽銭との関係や相違点などについては不明である。

鎌倉時代になって急速に発達したのが利銭《りぜに》である。建久二年（一一九一）八月一日播磨国相生入船定文（海老名文書　鎌五四四）にみえる「りのせにまんあし代一貫文」が初見史料である。利銭の利子は三文子（東大寺文書　鎌三五三二）、四文子（同　鎌一三三三七）、五文子（高野山文書　鎌九〇五八）、六文子（同　鎌四三九八）、七文子（東寺文書　鎌七九六二）、十文子（東寺百合文書　鎌三八八四）など高利の利子付借銭が利銭と呼ばれている。「りせん」（菊大路家文書　鎌一〇六二八）、「りせに」（東南院文書　鎌一二六〇六）と呼んでいた。鎌倉時代初頭から、利銭が借金の手段として急速に流行して銭貨出挙にとってかわっていったのである。

銭を借りて米を返す

加地子銭という不思議な借銭があった。弘安九年（一二八六）紀さねとしが「カチシセニ」七貫文を借用して「一貫文別に二斗五升づつを升ハ戒念房の口伝にて」まちがいなく返済する旨の契約で三月十六日に借金した（高野山文書　鎌一五八四八）。ところが彼は十月二十九日に加地子銭をまた五貫文借用して「毎年一石二斗五升によねを懈怠《けたい》なく」納入する借金証文をつくっている（同　鎌一六〇一八）。ここで興味深いのは、一貫文の銭を借りて二斗五升の「よね」（米）を返却するという貸借契約である。銭を借りて米で返すという。中世では一貫文はほぼ一石の米に換算されているから、利息は二割五分となるから低率といえる。加地子銭の借用は室町時代になってもつづいている。

延元二年（一三三七）三月二十六日にも古佐布《こそう》村の彦二郎が加地子銭を五貫文かりて

「毎年に一貫文別に二斗つつのよねをけ、し候」（高野山文書七〇—一二六三）とある。「けけ」とは結解のことであるから、ここでも一貫文の銭をかりて利子は二斗の米をつけるという利息計算で決算することを約束している。建徳二年（一三七一）七月八日にも、請人となった僧惣実が加地子銭三〇貫文を借用して「毎年貫別二斗利米を弁済すべし、志富田荘島土貢をもって弁すべきなり、不足分においては勧進聖実専が沙汰いたすべし」という借金証文をつくっている（高野山文書一六八九）。ここで高野山の会行事《えぎょうじ》は、紀伊国志富《しぶ》田《た》荘（渋田荘）の島年貢を担保にして三〇〇万円ほどを借金し、秋の収穫で不足分がでたときは勧進聖の実専がみんなから寄付をつのって借金をかえす約束をしている。その利息を「利米」と呼んでいる。

こうしてみると、加地子銭とは銭で借金をして米で利息をはらうという借銭と借米とがセットになっていたものであることがわかる。治承年間、宋銭流通停止が問題になっていたころ、銭直法《ぜにのじきほう》が定められたのも、銭の借金を米で支払う基準の決定であったといえよう。しかも、鎌倉時代は利米が貫別二斗五升であったものが、室町時代には二斗になり、利子率が下がっている。中世の借金は稲作との結びつきが強いのである。

土倉と綾小路町

質物をとって利子付貸付金をいとなむようになってから、鎌倉中や京中で大きな蔵をもった土倉が活躍するようになる。京都では正応二年

（一二八九）三月十八日に綾小路南、東洞院東の屋地と土倉を武佐左衛門入道沙弥誓願が尼妙円に一二〇貫文で売却した（『祇園社記』鎌一六九三三）。尼妙円は綾小路高倉西南辻にも屋地と土倉をもっており、嘉元二年（一三〇四）七月二十四日に子女源加古に譲与し、もし「母子敵対」のときは父浄円の領知にする旨の契約文を作成した（同　鎌二一九一二）。妙円は「綾小路町紺座」の権利も所持しており、綾小路高倉屋地・土倉ともども息女の加古に譲ったところが、これらの権利を尼勝智・千福が浄円の遺言で入手したと称して検非違使庁に提訴し、元亨三年（一三二三）八月二日に評定が開かれた（勢多文書　鎌二八四七三・二八四七四）。同年八月十七日判決では嘉元二年・正和元年の浄円・妙円譲状を根拠に加古女の勝訴となった（同　鎌二八四八九・二八四九〇）。この土倉尼妙円の事例は、網野善彦が借上・土倉の金融業者に女性が多いと主張した一例でもある（網野善彦『中世の非人と遊女』明石書店、一九九四）。

ところが、この妙円は藤原氏女と号していた時代の正応三年（一二九〇）十月二十五日に修明門院が管領する山城国上桂荘《かみかつらのしょう》（上野荘《かみののしょう》と号す）領主職の権利を譲与された。永仁元年（一二九三）八月には修明門院から知行安堵の庁下文を賜い多年知行していた。その後、嘉元元年（一三〇三）十一月十日大中臣千松丸に譲与した（白河本東寺文書　鎌二一八八九三）。徳治三年（一三〇八）二月十日に妙円は大中臣千松丸と大中臣広康と連名で、上桂荘の文書類を副えて平氏女に一〇〇貫文で「うりわたす、私領の事」という売券をつくった。このときの文書に、比丘尼妙円は藤原氏女とし「今ハ出家して法名経妙」と記していた（東寺百合文書へ　鎌二三二七一）。同時に、三人は同じ日付で日吉上分銭五〇貫文を三文子で借用し質物に山城国上桂荘の手継証文・院宣等を入れ、五ヵ年までに元本を返済できないときは「この荘をとられまいらせ候へし」という借書をつくった（同　鎌二三二七三）。この売券と借書は、のちの訴訟文書では「二通　借書案」としてあつかわれ、平氏女の権利は「山徒喜楽房少輔律師《りっし》円竪《えんじゅ》の口入《くにゅう》として、徳治三年件文書を質物に取り畢《おわんぬ》」と記されている（東寺百合文書ヒ　鎌補一八七五）。妙円から平氏女への取引は、債務契約であり、その質物として荘園文書群がわたされていたことがわかる。さらに比丘尼妙円は、広康と連判で同年六月三十日に日吉上分物を五文子の利で一〇貫文を借用し、来る九月までに返済することを約束し、先に質物に入れた上桂荘文書を指定している（同　鎌二三三〇八）。こうして土倉の妙円は山城国上桂荘文書を質物にして山徒喜楽房少輔律師円竪を口入人として日吉上分物を一六〇貫文も借用した。一六〇〇万円ほどの巨費を延暦寺の山徒が女土倉に貸し出したのである。

　妙円から質物として上桂荘文書群を入手した平氏女は、山城国上桂荘を山門東塔北谷十禅師宮に寄進し二季彼岸料所となり、日吉社領として上桂荘雑掌が代々知行した。ところが、高三位重経卿が延慶三年（一三一〇）以来、後宇多院に訴え出たので、上桂荘は日吉社領から収公され転倒されるとして元亨四年（一三二四）十一月に山門の雑掌良善が検非違使庁に提訴した（白河本東寺文書　鎌二八八九三）。この上桂荘の権利証文をめぐる訴訟は、妙円の娘源氏女や余流玉熊丸が東寺と結び、銭主平氏女の子息山徒南泉坊成尋律師らが日吉社を後見として法廷闘争をくりかえし、康永三年（一三四四）六月の東寺申状案にまでつづいていく（東寺百合文書　上島有編『山城国上桂荘史料』一六六(5)）。

こうして綾小路妙円の行動を追跡していくと、その活動資金が山徒喜楽房少輔律師円竪を口入人として日吉上分物を借用して展開されていたことがわかる。しかも、質物になったのは上桂荘の荘園文書そのものであり、それらが銭主平氏女や子息の山徒南泉坊成尋律師の手にわたり、彼らから山門東塔北谷十禅師宮に寄進されていった。鎌倉後期に活躍する土倉は、実際には山徒の律師・比叡山延暦寺の僧侶の妻女が日吉上分米を借金にして運営されていたのである。

女商人と僧侶の妻女

山徒が洛中の土倉を経営していた事例は、賢聖房承能法印の場合にも確認できる。彼は正平七年（一三五二）四月に「坂本坊舎等」と「京都住坊土倉等」を構えており、八条坊門猪熊にあった土倉を賢聖房が管領するとともに、山徒名帳に記載されていた（『八坂神社記録三』同月十七日、十九日条）。

建武二年（一三三五）閏十月八日大徳寺領信濃国伴野荘《とものの しょう》年貢二九貫文は、京都の地獄が辻子の坂田入道の割符《さいふ》一通と、綾小路町松殿の割符一通と法性寺町の芥田入道の割符によって京都におくられた（徳禅寺文書）。この為替商人である綾小路町の松殿もはやり女商《おんなあき》人《んど》とみてまちがいない。地獄が辻子はこれが初見史料であり、室町時代の「七十一番職人歌合」「蓮如上人子守歌」にみえ、遊女・辻子君の発祥地とされる北小路西洞院に比定される（後藤紀彦「立君・辻子君」『月刊百科』二六一、一九八四）。錦小路も綾小路とともに『宇治拾遺物語』にみえる。後白河院時代の『病草子《やまいのそうし》』には「近頃七条わたりに借上する女あり」とみえる。女商人らは本当に網野が言うように生涯独身の職業婦人・遊女なのか、それとも夫をもった妻女であったのか。

綾小路土倉の妙円は、あきらかに子息が中臣や大中臣を称しており山徒の妻女であった。祇園社の社僧顕舜は、文保二年（一三一八）二月四日譲状を残している（八坂神社文書　鎌二六五四二）。それによると、彼の女房は「京都錦小路屋《但し屋敷と土倉は兵部法眼分》・丹波国波々伯保内佃・同保内瓜生朱雀屋敷・下人平八と弥右」を譲られた。尼御前には広小路屋があたえられ、尼御前一期《いちご》の後は子息式部法眼に譲るように指示した。土佐女房には「塩梅神人」が譲渡された。さらに「山城　綿神人」の権利は春藤丸に譲与された。つまり、錦小路の土倉と家屋・屋敷、広小路屋・塩梅神人らの権利はいずれも女性に

図2　『病草紙』に描かれた高利貸（福岡市美術館所蔵）
女商人は，山僧や御家人の妻女が多かった．

分与された。しかも、それらはすべて祇園社僧顕舜の妻女であったことになる。

こうしてみると、京都の洛中に女商人が多いのは、網野がいうように女性が聖性をもっていたからではなく、延暦寺の僧侶や祇園社の社僧らが妻女や遊女・白拍子に屋地や土倉・屋敷を配分して寺内金融の日吉上分米や祇園社の勧進銭を借用して商売を営んでいたとみるべきである。こうした事例は、御家人の妻女にも共通することに注目すべきである。

女商人と御家人の妻女

宇都宮弘安式条五七条によれば、一三世紀後半、鎌倉の地が給人の進止としても子孫に相伝はできないとするとともに、白拍子・遊女・仲人等の輩を据置くことを停止している（『中世法制史料集』）。文永三年（一二六六）六月十日二階堂行久（法名行日）は、鎌倉西御門入奥地と浜蔵《はまくら》と鎌倉宿所《しゅくしょ》をもっていたが、西御門の地と浜蔵半分を向女房に譲り、鎌倉宿所と倉納物《くらのうもつ》と浜蔵を名越女房と向女房に半分ずつ分取させた（二階堂文書　鎌九五四二）。弘安四年（一二八一）四月二十四日に小早川左衛門三郎の女房は一二六貫文という巨費を投じて沙弥賞信から綾小路南・東洞院東の屋二宇、土倉一、桟敷を購入した（『祇園社記雑纂第五』）。正和五年（一三一六）壬十月六日鎌倉比企谷《ひきがやつ》御坊は、京都綾小路大宮に屋地を構えており、日蓮聖人本尊二鋪《ほ》を修理してえた代金二貫五〇〇文を鎌倉に送らせている（妙顕寺文書　鎌二五九八〇）。貞和二年（一三四六）六月二十九日小早川重景が子息重宗に譲与した所領群の中には鎌倉米町屋地と京都四条油小路屋地が明記されている（小早川文書　神四四六三）。大友氏時も全国に散在する所領所職六一ヵ所を書きあげているが、その中に「鎌倉亀谷《かめがやつ》地壱所《先祖墓地宿所地等》・京都佐女牛大和大路屋地六ヵ所・同大谷地弐所《先祖墓所宿所地等》」をあげている（大友文書　神四四九二）。鎌倉でも京都でも墓所に宿所を構えたり、佐女牛大和大路に六ヵ所もの屋地を所持していた。

鎌倉の名越《なごえざか》坂・亀谷・小袋《こぶくろざか》坂・化粧《けわいざか》坂周辺は墓地・葬送・刑場の地であるとともに商業地域・市場・遊女のいる場であったことがあきらかになっている（石井進「中世都市としての鎌倉」『新編日本史研究入門』東京大学出版会、一九八二）。このほかに鎌倉御家人で南北朝期に京都家地をもっていた武士は、山内首藤・結城・毛利・芦名らが指摘されている（木内正広「鎌倉幕府と都市京都」『日本史研究』一七五、一九七七）。これらの家屋地や墓地の宿所が御家人の妻女・白拍子・遊女・仲人らによって経営されていたとみてまちがいない。

御家人・延暦寺の僧侶や山徒・祇園社の社僧らが、妻女や女房・白拍子・遊女・仲人らを宿所・浜蔵・屋地・土倉などに配置して、日吉上分物や神物などを借用して倉納物の貸借・管理や輸送・販売・流通などに従事させていたものといえよう。土倉も借金により運営されており、貸借取引によってこそ商業活動は展開されたのである。

祠堂銭と季頭銭

禅寺に祠堂銭《しどうせん》というものがあったことはすでにみた。京都の禅宗五山寺院は、都寺《つうす》・監寺《かんす》・副寺《ふうす》・維那《いのう》・典座《てんそ》・直歳《しっすい》の役をつとめる東班衆《とうばんしゅう》という専門的僧侶の下で祠堂銭金融を展開しており、二文子で一年一〇ヵ月の金利計算で帳簿のあるものは徳政令の適用をうけないものとして特別保護されていたので、広範に展開していた（寶月圭吾『日本中世の売券と徳政』前掲書。中島圭一「中世京都における祠堂銭金融の展開」『史学雑誌』一〇二―一二、一九九三）。

ところが、春日社や興福寺には季頭物《きとうもつ》利銭という金融銭があった。季頭物については竹内理三「中世寺院の出挙」（『歴史地理』七三―一、一九三七）がはじめてとりあげ、稲葉伸道「春日社季頭物と春日八講《はっこう》」（『中世寺院の権力構造』岩波書店、一九九七）が細部を解明した。それによると、春日社八講に参加する学僧の中から一五人が未季頭衆《みきとうしゅう》に選出されて、八講の法会に必要な膨大な物資と銭をあつめて季頭物の基金として管理した。ここで注目すべきは、寺内金融よりも寺外に多く貸し出しており、利息は例外的に高利である。たとえば、弘安元年（一二七八）大聖院が季頭物を四〇貫文も借用して月利五文子の利子を支払う契約状を残している（春日神社文書　鎌一三三三八）。弘安五年（一二八二）には東大寺が興福寺から「きとうもつのりせに三三貫文」を四文子で借りている（東大寺文書　鎌一四六八二）。東大寺が播磨国兵庫関《ひょうごせき》の島修築のために季頭物を借用して、質物に兵庫関の関務を入れた事例（東大寺未成巻文書）もある。寺社金融は二文子など低い利子率であることが一般的であることは伊奈健次「中世に於ける社寺金融の特別低利率について」（『史淵』三、一九三二）以来、通説になっている。それと比較すれば、春日社・興福寺の季頭銭は通常の寺社金融の二〜二・五倍も高い利子をとっていたことがわかる。

借金による堺商人の活動

低利率で資金を寺外に貸し出したことで有名なのが大徳寺の祠堂銭であり、海外貿易で著名な堺衆の商人に貸し出されたことが三浦圭一（『中世民衆生活史の研究』思文閣出版、一九八一）によってあきらかにされている。大徳寺の塔頭《たっちゅう》（子院）松源院が祠堂銭を文亀四年（一五〇四）に「一文子の利平」で板東屋六郎に一〇貫文を貸し付けた。借主は「下笠六郎正保」と署名し花押をすえている（大徳寺文書一九七五）。松源院祠堂銭を借金した堺衆の名前を記した借用注文がある（同一九七八）。それを整理すると表3のようになる。

一二人の堺衆が、合計で一七〇貫文（約一七〇〇万円）を借りて、「永正三年（一五〇六）丙寅正月より同六月に至り都合十貫二百文を取調申す」と契約している。一文子とはきわめて低利である。しかも、ここにみえる板東屋は宗桂と六郎のふたりが別々に一〇貫文ずつ借金していた。祠堂銭は一〇貫文を単位にして投資されていた。堺商人は資本があったから勘合貿易に乗り出したのではなく、反対に地の利や政治力で借金ができたので海

表３　松源院祠堂銭を借用した堺衆

野猿屋	宗源10貫　彦三郎20貫	柏屋	宗頓10貫
高石屋	宗泉10貫	金田屋	宗托10貫　源三10貫
板東屋	宗桂10貫　六郎10貫	扇屋	次郎右衛門10貫
大饗屋	四郎左衛門10貫　平次郎10貫	天王寺屋	源左衛門10貫
和気屋	四郎左衛門10貫	網屋	与四郎10貫
八文字屋	弥五郎10貫	河内屋	与四郎10貫

外貿易に乗り出すことができたのである。

招月庵正広《しょうげつあんしょうこう》の『松下集《しょうかしゅう》』に長享元年（一四八七）二月十六日をはじめ頻繁に堺で「宗椿すすめにて」連歌が行なわれたという記録が登場する。この宗椿は「宗椿　同《肖柏門弟》板東屋」（『明翰抄《めいかんしょう》』）とあるごとく板東屋宗椿という堺連歌師であったことが指摘されている（鶴崎裕雄「戦国初期堺の人々と歌会」『ヒストリア』八一、一九七九）。連歌が地下においても殿上においても大流行したのは、懸銭連歌といって銭を出し合って、秀句に二〇〇文、尋常句に一〇〇文ずつ支払われたからである。連歌は博打とおなじ賭け事であるとともに、資金を調達するための融通機能の役割を果たしていた（拙論「『後鳥羽院日記』逸文と懸銭の流行」『日本歴史』七一四、二〇〇七）。

他方、大永二年（一五二二）十一月三十日結城白河義綱の官途補任が板東屋富松氏久《とみまつうじひさ》の斡旋により実現した。文明・大永・天正年間に板東屋富松が伊達家や結城氏ら東北大名の官途補任の仲介者であったことが知られている（小林清治「板東屋富松と奥州大名」『福大史学』四〇、一九八五)。この板東屋富松が大炊寮《おおいりょう》領摂津国御稲《みしね》代官であり、村上氏で摂津富松に土着して名字にしたことが指摘されている(新城美恵子「板東屋富松氏についてー」『封建社会研究』二、一九八一)。板東屋富松と堺衆板東屋下笠の宗桂・宗椿・六郎らが一体のものかどうか、両者の関係は今後の調査課題である。ただ、堺商人の日明貿易などの資本が大徳寺など禅宗寺院からの低利での借金であったことはあまり知られていない。

日明貿易と借金

遣明船で莫大な利益をえたのは幕府や堺の商人であったが、その主導権は大内政弘や博多商人らに移っていったというのが通説である。ただ、その中に禁裏船・内裏船といって禁裏が利益を独占するための遣明船があった。禁裏による遣明船に中心的役割を果たしたのが、堺南荘南昌庵の龍首座《りゅうしゅそ》であった。彼は、前権中納言甘露寺親長《かんろじちかなが》の弟で公家の出身であり、出家して東福寺系の禅僧となっていた。文明十年(一四七八)十月にも渡明して帰朝しており、三条西実隆も唐墨一廷色紙五枚などの唐物の恩恵にあずかっていた(『実隆公記』文明十一年二月十六日条)。

文明十四年(一四八二)九月十五日室町殿東山荘の用途を大内政弘に仰せ付けたが子細を申して渋るので、この日、遣明船の一号船、三号船の勘合札が龍首座に渡され、貿易条件がきめられた。文明十五年(一四八三)二月二十五日には、龍首座が入明の暇乞《いとまごい》のために禁裏にあいさつに出向いた。このとき、前中納言甘露寺親長も龍首座の兄として禁裏に暇を申請し和泉国堺に下向した。三月六日には、親長が一〇貫文を借金して太刀一二振分の借金証文を渡し、龍首座が太刀を船荷として積み込んだ。帰朝したときは二倍になるので借金を返済して利益だけを入手できる契約だという。借金による先行投資で巨額な利益を甘露寺家が入手した（拙論「中世後期における債務と経済構造」『日本史研究』四八七、二〇〇三）。五月三日に親長の弟龍首座は、後土御門天皇の申次である民部卿源忠富と交渉して、禁裏の誂《あつらえ》物注文《ものちゅうもん》を請文に記載し帰朝の際には六〇〇貫文を進上する契約を締結した。本来なら一〇〇〇貫文を進上するのであるが、これまでに龍首座は禁裏に一五〇貫文を貸していたので、その「三相倍分」として四〇〇貫文を差し引いて六〇〇貫文を進上する契約にした（『親長卿記』。伊藤幸司『中世日本の外交と禅宗』吉川弘文館、二〇〇二）。

朝廷は勘合貿易の内裏船で約六〇〇〇万円ほどの利益をただで手に入れたのである。内裏船を龍首座との請負契約にしたのも、禁裏が龍首座から一五〇貫文を借金していた弱みがあったからである。禁裏の財政が、遣明船の利益を担保にして堺の貿易商人で甘露寺親長の弟南昌庵龍首座への借金に依存していた。

文明十九年（一四八七）正月二十六日にも「江南院唐綾《からあや》《紅大小四ケ黄一》以上五送之」とある。翌日には大内左京大夫政弘が勅願所の御礼として禁裏に緞子《どんす》三段・盆一枚を進上し、「唐紗《からさ》二段《浅黄文雲一無紋白一》盆堆紅《ぼんのついしゅ》　同政弘朝臣、予方に送る、祝着自愛々々」（『実隆公記』同正月二十七日条）とある。江南院や大内政弘が三条西実隆に唐物を贈っていた。江南院は甘露寺親長の子息であり、もとは万里小路家の養子になって春房と名乗った公家であったが、伊勢貞親と結んで政争に敗れて出家していた。彼も文明十九年に渡海して日明貿易に従事しており、大内政弘とともに実隆にその利益を一部献上していた（今泉淑夫「江南院龍霄」『東語西話』吉川弘文館、一九九四）。禁裏の財政や公家甘露寺家の家産経済が借金を先行投資にした日明貿易からの利益によって一部ささえられていた。

蔵銭・公銭と押貸

中世は身分制社会であったから、領主が借用だといって領民から強制的に借金をしておきながら踏み倒すということが多かったことは前述した。それと反対に、領主が強制的に領民に貸し付けて利子を取り立てるという貸し金制度が展開されていた。典型的なのは戦国大名や織豊期大名に多い。

古い例では、文明九年（一四七七）将軍義政《よしまさ》の御台《みだい》日野《ひの》富子《とみこ》が畠山義統《はたけやまよしなり》に一〇〇〇貫文を貸し付けたのをはじめ「大名小名」が競って富子に借金した事例がある（『大乗院寺社雑事記』文明九年七月二十九日条）。これらを富子の私物の利殖活動として功利主義とみる通説に対して、将軍家は義政・富子・義尚《よしひさ》の三つの家からなり、富子が御台として執政を行なっていたから私物を投じて家外交や土一揆と対決したのだとする見解が出されている

（田端泰子『日本中世の社会と女性』吉川弘文館、一九九八）。

大内氏の守護領国豊前では、永正八年（一五一一）正月に宇佐《うさ》郡代の佐田大膳亮が大内氏の「御公銭」を在地の人々に預けるように命じられた。そのため、番長の永弘重弘が「清目足但永楽さし《きよめのあし》」にして一貫五〇〇文の公銭を太郎右衛門に二〇〇文、次郎右衛門に二〇〇文、小七に一〇〇文というように領民に配分して貸し付けた史料が残っている（永弘文書『大分県史料』一四八二）。「清目足」とは、一緡《さし》（銭一〇〇文）のうち永楽銭を二〇文混入したもので清銭《せいせん》を指した。当時、善銭と鐚銭《びたせん》とをめぐって貨幣取引に紛争がおきるようになったので、撰銭《えりぜに》といって鐚銭の混入率を大内氏が定めるようになった（本多博之「戦国期社会における銭貨と基準額」『九州史学』一二六、二〇〇〇）。大内氏は清銭とした御公銭を預銭《あずかりせん》として領民に強制的に配分して貸し付け利殖をしていた。大名の決めた撰銭の混入率が次第に民間に浸透していったのである。

東の戦国大名後北条氏も「蔵銭」という領主の銭を領民に強制的に貸し付けて利殖事業を展開していた。天正十三年（一五八五）三月二十一日後北条氏邦《うじくに》は「北谷衆中」の飯塚六左衛門らに対して「五貫文　御蔵銭」を預け置くので郷中へ貸し出して利銭をとって翌年戌の四月までに漆を整え差し出せ、「毎年かくのごとく相定め候」と命じている（飯塚文書　戦国遺文二七八八）。天正十四年十二月十八日には後北条氏照が「御蔵銭借米のこと、御国法のごとく算用しだいに弁済致すべきこと」と命じており、蔵銭・借米を品川百姓中に貸し付けて利分を国法にしたがって計算して返済するように義務づけていた（武州文書戦国遺文三〇三八）。支城主が御蔵銭を家臣に配分しそれを郷中に貸し付け、その利益で大名が必要とする漆などの物資を調達するシステムが毎年のごとく定められていた。こうした蔵銭の活用については阿部浩一『戦国期の徳政と地域社会』（吉川弘文館、二〇〇一）に詳しい。

借金の強制による利殖をもっとも合理的に活用したのが織田信長である。元亀二年（一五七一）九月晦日に信長は公武用途として段銭を畿内近国の勢力圏内に賦課した。公武御料所、寺社本所領、免除地、私領買得屋敷をとわず一国平均役として一升の米を洛中二条妙顕寺に集めさせた（早稲田大学所蔵荻野研究室収集文書一〇二）。十月十五日には、明智光秀・島田秀満・塙直政・松田秀雄の幕府奉行人が連署して「立売組中」にあてて、この米を京中の町に五石ずつ貸し出し、三和利《さんわり》の利子をとって来年正月から毎月一町より一斗二升五合を「禁裏様御賄《おんまかない》」のために進納するように命じた（上京文書）。信長はまったく自分の経費負担なしで、たった一升というわずかな米を税としてあつめそれを洛中の町に貸し付け、その利子を禁裏に進上して御賄（経常経費）に充てた。この制度を信長の御貸米制度と呼んで注目したのが渡辺世祐（「織田信長の復古政治」『国史学』六、一九三一）である。奥野高広『皇室御経済史の研究』（前掲書）は、この制度が天正四年（一五七六）までつづき上京下京から毎月一三石の利米をあつめ六石六斗余が禁裏に献上されたことを解明した。脇田修は幕府からの臨時賦課による財政的安定化と評価し（『近世封建制成立史論』東京大学出版会、一九七七）、立花京子『信長権力と朝廷』（岩田書院、二〇〇〇）は「信長権力の功利的な朝廷保護政策のひとつ」とした。

売買取引と貸付取引

これまでの日本社会経済史研究の中では、こうした借金を貸し付けて利殖をはかることは高利貸活動や功利主義的なことと評価され、「荘園支配に対する高利貸資本の蚕食」（関口恒雄「中世末期の階級闘争とその歴史的条件」『史学雑誌』七九―一、一九七〇）とか「領主の地主化」として理論化されてきた（藤木久志『戦国社会史論』東京大学出版会、一九七四）。しかし、本書でみてきたごとく、借金と税制を組み合わせて社会制度化し利殖をはかり領主財政を維持しようとする動きは、一一世紀の負名において出挙と所当とのシステムにすでにみられ、その両者が一体となって中世年貢が成立した。鎌倉時代の地頭や荘官・名主百姓による荘園年貢の運上・収納でも、出挙・借米・利銭を借用して代納することが義務づけられていた。中世の年貢徴収システムそのものの中に借金をして代納するという貸借取引が初発から組み込まれていた。室町時代にも本所の寺社・公家らは年貢を担保に前借りして生活費や行事用途にあてていた。

勘合貿易の元本も借銭によって調達し、大名領主も財政の不足を領民からの強制借用によって切り抜けた。中世社会経済はどこをとっても借金を前提にして動いていたのであり、私は売買による取引（＝商品取引）とならんで債務による取引（＝貸付取引《かしつけとりひき》）が社会経済現象の二つの背骨であったと考えている。

これまでの社会経済史では領主が経済外的強制によって年貢や公事・夫役を徴収し、領主財政を確立して、領主的商品流通の発展と貨幣経済の進展をもたらし、室町時代の商品経済の下で土倉酒屋に代表される高利貸資本が活躍したものと説明されている（桜井英治・中西聡編『流通経済史』山川出版社、二〇〇二）。そこでは経済現象は商品をめぐる売買取引が中核となって分析されるのみで、借金や債務をめぐる貸付取引での出納・輸送・物流・保管・信用保証などの非商品取引的な経済現象はこれまで分析の対象にされてこなかった。貨幣経済とならぶもう一つの経済世界が貸付取引による質経済として独自に展開され、中世社会経済をなりたたせていたのである。

貸付取引をめぐる研究動向

一二世紀から一七世紀前半まで、気候の寒冷化にともなう稲作生産の凶作が毎年のようにつづき、飢饉・疫病・戦争という三大苦の中で、社会的生産力が破壊され、商品取引ができないような時期が繰り返された。民衆が生き抜くことの困難な中世社会経済の本質的な部分は、借金という貸付取引に依存しなければやっていけない生産力段階にあったものと考える。領主も経済外強制による年貢公事の収奪だけでは、領主経済を維持しえなかった。それゆえ、年貢公事の領域でも借金を組み合わせて貸し出しをして利銭で領主財政を補完する必要があった。売買契約による商品取引や貨幣経済中心のこれまでの経済学の理論のみでは、前近代社会の民衆経済構造を理解することはできない。前近代の経済社会では債務契約による貸付取引が、商品取引とならぶもう一つの基本原理であるといわなければならない。したがって、債務者が一方的に破産したのでは、債権者も存続しえないことになる。それゆえ、債務者と債権者が共存するための債務処理慣行がつくりだされていたのである。

債務による貸付取引を経済学の問題として考察しようとする動向は世界でも始まっている。マルクス貨幣論とケインズ貨幣論を研究する国際経済学界の動向を紹介した楊枝嗣郎は、近年の貨幣論研究の論点整理を行なっている。それによると、古代オリエントの発掘調査や経済人類学の成果から、商品交換に先行して貸付取引が発達しており、貸付取引による債務債権関係が社会的に承認されて計算貨幣が登場するとする学説を紹介している（楊枝嗣郎「現代貨幣と貨幣の起原」『佐賀大学経済論集』三五—五・六合併号、二〇〇三）。アルゼンチンのブエノスアイレス大学経済学部に債務博物館が二〇〇五年開館し、シモン・ブリストウービン教授が館長に就任したと報じられた。おそらく、売買取引とならぶ貸付取引の研究は、二一世紀の経済学界でも重要な研究テーマになっていくことはまちがいない。

では、いよいよ、中世の借金と返済の循環や貸付取引の時代的特質、在地における債務処理の慣習法などについて検討することにしよう。

中世債務返済をめぐる在地慣習法

法外な利子は返さなくてもよい

信用経済とは、借りたものは利子をつけて返済するという約束の上になりたつ。自由市場原理の現代の常識が、はたして中世社会においても常識であったかどうか、厳密に検討してみよう。

日吉神人による朝廷での裁判

宮内庁書陵部に保延二年（一一三六）九月につくられた明法博士《みようぼうはかせ》連署《れんしよ》勘文案《かんもんあん》という文書が残っている（壬生家文書一五七二）。借りたものを返済しない債務者を朝廷に訴えた裁判についての判決原案である。それによると、比叡山延暦寺の境内にある日吉社《ひえしや》は、全国から日吉上分米《ひえのじようぶんまい》という神物《じんもつ》を徴収していた。初穂《はつほ》として神仏に捧げられるもので、その運送にあたる大津《おおつ》の日吉神人《ひえのじにん》は、諸国を往反して上下の諸人に日吉上分米を貸し付けて利息をとって神事を絶えることなく執行してきた。ところが、借金を返済しないものが多く、こまった日吉社の大津神人はつぎのように朝廷に訴え出た。

近年、上下諸人が神物を借り請けながら弁償の勤めをしない、契約状にまかせ催促をすると、諸人は院宣《いんぜん》による命令でなければ返済しないと主張する。借り請けたときには、丁寧な契約状を出しながら、催促のときになると請文に背く。これはすこぶる穏《おん》便《びん》にそむくものである。たとえ、神物や祭料に非ずといえども、他物を借り請け何ぞその弁無し哉《や》

身分の高下に関係なく人々は、神物を借用しておきながら返済をしない。催促すると、院宣（上皇の命令）があるなら返済するといって弁済しない。借りるときは丁重に契約状を出しながら返すときになると契約状に反する、神のものや祭りの料でなくとも、他人のものを借用しながらなぜ返済しないのか、という訴状の趣旨は、私たち現代人にはよく理解できる。しかし、「借りたものは返済せよ」という当然のことが裁判になるということ自体、中世では借りたものを返済しない事例があまりに多かったことを意味するのではないか。もしかしたら、返済義務が必ずしも社会常識になっていなかったことを意味するのではないか。多面的に考えなければならない検討課題が思い浮かぶ。事実、判決原案はつぎのとおりである。

　社司が提出した契約状によれば、負債の輩は、或は田地を質とし、利息も元本の数倍におよぶ契約になっている。債権者はいずれも法律の禁止事項を忘れ、法にも違反している。出挙の利息については、律令の施行法典である格《きやく》に違反し、違勅の罪は逃れ難い。したがって、元本は返済させ、利息は弁済しなくてよい

法外な利子は、天皇の命令に反する違勅罪であり、債務者は借金の元本は返すべきだが、非法な利息分は返さなくてもいい、というのである。予想に反して、原告債権者側の敗訴色のつよい判決原案である。

ここで、院政期の明法官人は、債務契約が朝廷の律令や格《きやく》（律令を改正した官符・勅）に違反していることを理由にして、元本の返済は認めたが、利息分は無効としたのである。雑令《ぞうりょう》や格に違反した法外な利息をむさぼる貸借契約によって借りたものは、返済する必要がないという論理である（拙論「中世における信用経済と流通」『新訂増補週刊朝日百科日本の歴史　古代七』朝日新聞社、二〇〇三）。

法外な利息は無効である。これが、一二世紀、院政期の法曹官人の社会常識であった。なるほど、と思う。では、そうした社会常識の根拠は律令とその施行法典である格にあったというから、まず律令をみよう。

古代の利子は二倍まで

古代律令法の雑令には稲《いね》と粟《あわ》の出挙《すいこ》（貸し借り）が特別規定となっており、利息の規定がある。

「稲粟《とうぞく》の出挙は、民間の私契約にまかせ、官は統制しない。ただし、契約は一年を限りとなせ。利子は二倍（倍額）を過ぎることはできない。官が行なう場合は半倍とせよ」

「六〇日ごとに利を取れ。八分一を過《す》ごすことはできない。四八〇日を過ぎた場合でも、元金の倍額である二倍以上の利息を超えて取ることはできない。家の資産をもって支払えないときは、身を役《やく》して返済せよ、利を廻《めぐ》らして本となすことはできない」

古代法では、貸借契約は一年を限度とし、利息は四八〇日を超えて増殖することができず、それを過ぎても本銭の二倍（倍額）以上をとることを禁止していた。借金の元本一〇万円に対して、利子分は二〇万円まで徴収できるが、それ以上は非法な利子になる。利子は本銭（借金）の二倍よりも増えないという原則が古代法であった。出挙の法定内利息については、返済義務を明示し、財物で返済できないときは労役で返済することを義務づけた。利子を元本に繰り入れて計算する利息の複利計算も禁止であった。

古代には、利子付の貸借が出挙であったが、利子のつかない貸借が存在していた。ほとんど研究されていない分野である。雑律の逸文につぎのようにある。

「負債、契約に違反して償《つぐな》わない場合は、布一端以上で二〇日間違《たが》えたときは、笞《むち》二〇回。二〇日をすぎれば一等を加え、罪杖《じょう》六〇回で止《や》めよ。布三〇端は二等を加え、一〇〇端はまた三等を加えよ。各、備え償わしめよ」

利子付の借金である出挙では、債務不履行でも労役の報酬で支払うことが義務付けられるだけで、刑罰をうけることはなかった。しかし、無利子の貸借の場合、債務不履行では借りた布の額によって笞打ちや杖打ちなどの刑事罰によって処罰されたことがわかる。おそらく、庸布などの徴税にかかわって布などを借りることがあったためであろう。この無利子の借銭は中世になるにつれて民間では盛行していった。

不動産の質物は禁止

質物《しちもつ》の設定は、モノを借りたとき、返済の約束を担保するものであり、債務の弁済を確保するための制度である。日本の古代でも正倉院文書の中に借銭解《しゃくせんげ》という借用書があり、すでに質《しち》の存在が確認されている。しかし、古代・中世の担保は、債権者が質物を占有する占有質と、指定するだけの差質《さしじち》（抵当）とを区別しない。担保が質と抵当にわかれたのは近世においてであった（中田薫『法制史論集』岩波書店、一九四三。小早川欣吾『日本担保法史序説』法政大学出版局、一九三三、再版一九七九）。正倉院文書での担保には、布や帛など動産とともに田畠や園など不動産があげられている。それらは、占有質ではなく、質物として指定しただけの差質と考えられている。

しかし、古代律令国家は、口分田や官田など公田は売買禁止の原則をまもりつづけた。墾田だけが私有を認められたものの官物が賦課されており、土地取引を制約する官符や勅である基準法令の格がいくつも出された。天平九年（七三七）九月二十一日の官符では私出挙が禁止され、天平勝宝三年（七五一）九月四日の格は「豊富な百姓が銭財を出挙して貧乏之民の宅地を質となす、返済を急ぎ責めるので、自然と質家を償《つぐな》い住居するところをなくして他国に散っていく。すでに本業を失い、民の疲弊が多い」として「質券をもって田宅を領すべからず」と不動産を質物におくことを禁止した。私稲を百姓に貸与して利を求めることを禁止し、これに違犯したものは私出挙のモノを官に没収し、国郡官人の場合には官職を解任する規定になっていた。延暦二年（七八三）十二月五日の格になると、不動産を質物におく契約をふたたび禁止した。延暦十六年四月二十日官符では「自今以後、公私挙銭、宜しく一年を限り半倍の利を収め、年紀を積むと雖も過責を得ざれ」と定めている（『類聚三代格』）。ここで興味深いのは私出挙禁令のもとで、銭出挙の規定をさだめたことである。銭出挙の利子は最長一年につき元本の半倍までと規定している。一〇万円借りた場合なら利子は半倍＝五万円以上をとってはいけないという。

こうして古代では稲粟出挙と銭の出挙は、種籾と田植え時期の魚食料をまかなうための必需品となっており、より債務者の権利を保護する原則となっていた。弘仁十年（八一九）五月二日官符でも、銭出挙の利息が半倍をこえることができないこと、質物を売り払うことはできないことを再確認して古代法の励行《れいこう》を命じている（『同』）。

中世につづく私出挙禁令

私出挙禁止をはじめ古代の利息や質に関する法令は、中世国家によって継承される。大治二年（一一二七）五月十九日太政官符は淡路国にあてて、私出挙で利息を加徴することを禁制した。窮民の愁いをなぐさめるためだという（壬生家文書一九二八）。寛喜元年（一二二九）四月七日にも同じ条文の太政官符を淡路国に発している（壬生家文書一九三二）。こうして元本の倍額以上の利息を徴収する出挙の利は違勅罪だとする法理念が、中世社会に浸透していったのである。現代人のように利子はいくらになっても支払わなければならない、という常識を中世人はもちあわせていなかった。元本の二倍以上の違法な利子支払いは、天皇の命に反する違勅罪であるという法意識がよりつよかった。現代法の貸借法令では、債務者の権利保護という視点がきわめて薄弱であることに改めて気付かされる。

古代・中世社会経済史の旧説批判

これまでの古代史研究では、「禁令にもかかわらず、田宅の質入れは古代社会に盛行し階級分化を促進する契機となっていた」（『律令』補注）と解説されてきた。古代の土地売買は不動産質の性格がつよく買戻し条件つきの売買であるとする菊地康明『日本古代土地所有の研究』（東京大学出版会、一九六九）などによって検討された。私出挙禁令にもかかわらず、稲粟出挙は盛行し村落秩序の解体を促進したと考えられている。中世社会経済史でも貨幣経済や高利貸活動による質流れによって貧富の差が拡大し、階級分化が進行したというのが研究者の常識であった。

しかし、そこでは内乱や飢饉などで社会の生産力が破壊された中では、社会経済を立て直して、相互扶助により再生産を復興させていくために貸付取引が必要不可欠な社会システムであったことが無視されている。貸付取引が商品取引よりも階級分化の促進をおくらせるスローエコノミーの機能をもつことがあきらかにされなければならない。

近年、古代社会経済史研究の分野でもわずかではあるが、変化がみえはじめている。古代の土地売買の実態は質物の移動と区別できないことや本主権がいきていたのではないかとする新しい研究（坂上康俊「古代日本の本主について」『史淵』一二三、一九八六）が出されて旧説を批判している。梅村喬「いわゆる私出挙禁止令の理解について」（『続日本紀研究』二七五、一九九一）は出土史料から私出挙の全面禁止はなかったとする新説を提起した。古代の銭貨出挙も私出挙の禁令の中でも存在していたとする研究（三上嘉孝『日本古代の貨幣と社会』吉川弘文館、二〇〇五）も出されている。古代社会経済史の通説の見直しがすこしずつはじまっている。

古代・中世において貸借契約や貸付取引がどのような原理で行なわれ、債務処理がどのような慣習法によって規制されていたのか、そうした債務史の具体的研究は今後の検討課題である。これまでの古代・中世の経済史研究者は、貸借では利子をつけて返済するのがあたりまえで、期日までに返済しなければ質流れになるという暗黙の前提で研究をつづけているにすぎない。利子は近代債権論にしたがって古代や中世においても元本の返済がないかぎり増殖しつづけるものと信じている。その誤りをあきらかにすることが、本書の課題でもあり、読み進むにつれて理解していただけると思う。

中世債務史の視点から、古代から中世への移行期間における貸借契約をみると、むしろ古代国家の禁令が地方社会の動向を大きく規定していた様子がうかがえる。

院政期の借金の特質

第一の特徴は、日本では奈良時代末期から平安中期になるまで、ながい期間にわたって、不動産を質にして借米や借銭をした借用書がのこっていない。質券文《しちけんもん》により絹を借用した日本で最初の文書は、康和元年（一〇九九）九月二十一日の僧良秀田地質券（法隆寺文書平一四一二）である。絹八〇疋を借用してその質物として田地そのものにかわって、土地の公験《くげん》（所有権を公認した文書）を渡すべきであるが、事情があって進上できないので代

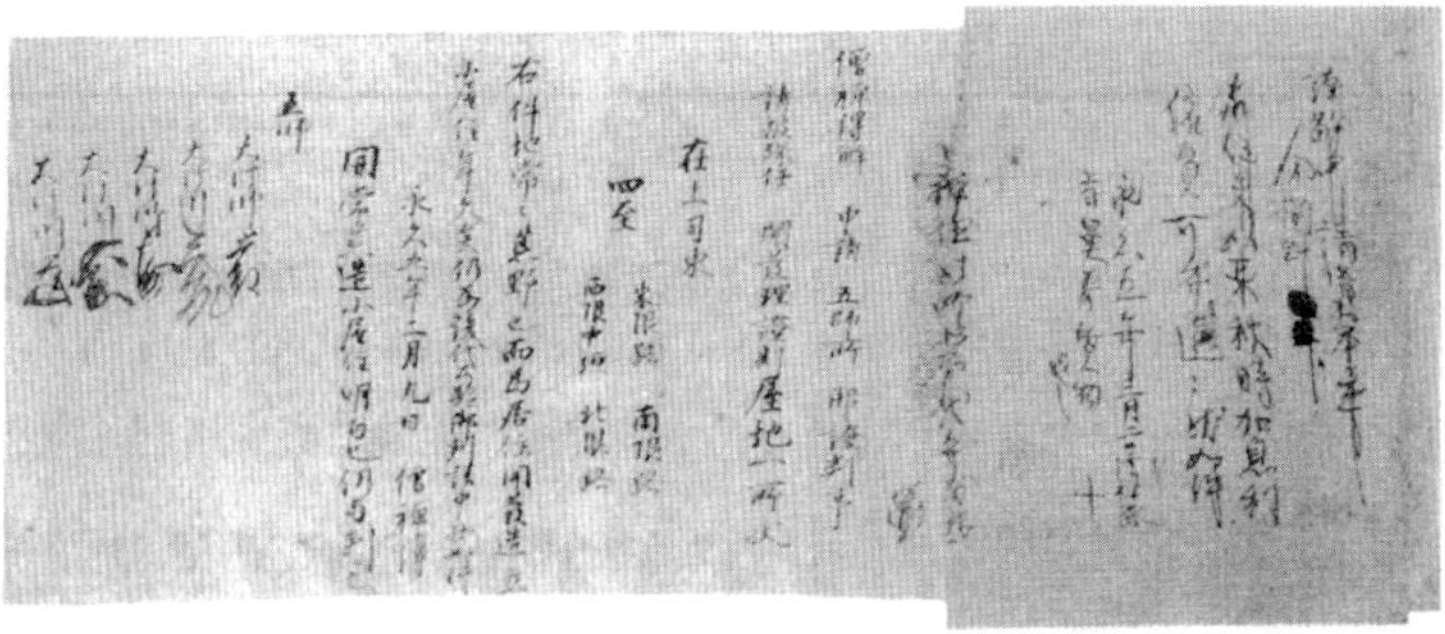

図3　僧禅徳出挙米借用状並びに質券（根津美術館所蔵）

わりにこの質券文をつくったと説明している。この文書がでてから、平安時代には借用状よりも質券の方が先行して発達してくる。田畠を質物にして借金をしたとき、借用書をつくるのではなく、むしろ質券を大切に作成した。

日本で最古の中世借用書は、永久五年（一一一七）三月二日の僧禅徳出挙米借用状である（図3）。この古文書は東大寺文書で、現在は根津美術館が所蔵している（平一八六七・一八六八）。

この文書は、二通の文書が連なっており、一通は僧禅徳が借米八斗余を借用して秋には利息をつけて返済することを約束した借用状である。二通目は僧禅徳が荒野を開発し宅地とした開発文《かいほつぶみ》で、公験としての文書を質物として進上したものである。借用状と質券とをつなぎあわせて、継目の裏に質地であることを明記して花押をすえている。借用状が不整形な切紙であるのに、質券は正規の料紙を用いた竪紙《たてがみ》である。しかも質券が楷書で書かれた正式な一人前の文書とされたが、借用状は行書風の文字で、一人前の文書とはみなされなかったことがよくわかる。中世人が借金をしたときも、借用状とともに別に質券を作成して、両者を貼り付けて連券としている。質券こそ、担保をとった債権者の権利を保障することになるものとして重視された。

この延長線上に、院政期にはいってから借用状と質券とが一体化して新しい中世借用状が登場する。春日大社にのこる承安五年（一一七五）三月二十九日出挙米借用状がそれである（平三六七八）。この文書は借主（債務者）の金剛が三石二斗の出挙米を借用し、秋に五割の利息を加えて支払うことを約束し、質物として水田三段の新券文を提出し、万一今年中に返済しえないときは質券を流し渡すことを約束している。ここでも借金証文である借用状の中に質券を流し渡すという文言を書きくわえており、借用状と質券がひとつになっている。こうして中世では貸借契約に質権を設定することは当然のこととなり、日本では質券と借用状との区別ができないほど曖昧になっている。

古代から中世社会への移行期において、借用書よりも先に質券が作成され、質券が発達して借用書とセットで利用されるようになったのである。世界では、質券と借用書は別のものであるのに、日本中世では両者が未分化なまま一体となって発達したのである。

その理由は、古代国家が田宅そのものを占有質に出すことを禁止していたためである。

不動産質を禁止する法令がある以上、田畠を占有質にいれることは表向きできない。しかし、担保なしに借金を認めるのは不安である。そこで、文書に田宅を質にいれると書いた質券をつくって貸し主である銭主（債権者）に渡すという方策を中世人は考え出した。田宅そのものを質物にして相手に渡すのではなく、万一不履行の場合には質物の田宅を引き渡すという文書（請文・質券）をつくり、質券を質物にして借金をする。これを文書質《もんじよじち》といった。田地そのものではなく、土地証文の公験や請文を質物にして借金をする方法によって不動産質禁令という古代法の網の目をのがれたのである。

債務者の権利保護

もういちど、日吉上分米の債務返済の訴訟事件にもどって検討しよう。日吉神人は、はじめこの訴状を鳥羽院に提出した。鳥羽上皇に判断を仰いだところ、「院中祗候《いんちゆうしこう》の輩《ともがら》については、院のご沙汰あるべし、自余の人にいたりては公家《くげ》に奏達すべし」との決定が出た。鳥羽上皇は、自分の院司や院侍・院下部《いんのしもべ》などの家政職員が借主であったものは自分が裁判するが、それ以外の訴訟事案については崇徳天皇の判断を仰ぐように命じた。こうして、日吉社の大津神人の裁判は朝廷での審議に付せられた。

なぜ、治天の君といわれ権力をほしいままにしていた鳥羽上皇は、保延二年（一一三六）の裁判判決を自分で行なうのをさけて、実権のない崇徳天皇の判断にまかせたのか。

それは、この判決で、利益をえた債務者の人々をみるとよくわかる。

日吉社大津神人から上分米を借用していた上下諸人は、領地を質物とする質券や借用証文を神人に提出していた。大津神人らは、それらの注文を証拠文書として法廷に提出した。それによって借主と貸主＝銭主を整理するとつぎの表4のようになる。

ここから、神人から上分米を借用していたものの階層を知ることができる。第一は、白河院や鳥羽院の近臣で知行国主や受領を歴任した藤原為隆・藤原盛重・平忠盛や待賢門院の女院司で鳥羽院司藤原顕能・能登守藤原季行や故前司高階時章・三河守源資賢などそうそうたる知行国主受領層である（五味文彦「保元の乱の歴史的位置」『院政期社会の研究』山川出版社、一九八四）。

第二は、清原俊任・大膳進・珍貞兼・内匠助・大炊頭・肥後介散位大江朝臣・蔵人大夫など中央諸司官人で、請使《うけつかい》や目代《もくだい》・収納使《すのうのつかい》などとして地方財政の実務執行にあたる実務官人層である（拙論「院政期の地方国衙財政と民部省済事」『三田中世史研究』三、一九九六）。この大膳寮・内匠寮《たくみりょう》・大炊寮《おおいりょう》・蔵人所などは、いずれも物資を消費する機関の中央諸司官人層が中心である。

第三は、賀茂住人・高島住人・越中国庁官田堵・物売四条女・越前国木田御荘住人などである。国衙領や荘園の名田の徴税を請け負う庁官・田堵・商人・住人ら名主・百姓層である。

いいかえれば、院政期に日吉上分米を借金していた債務者は、知行国主・受領層から地下官人層はもとより名主・百姓層といういずれも徴税システムを請け負う中間層であった

表4　日吉上分米の貸借関係

債権者・銭主（神人側）	借主・債務者の借書
散位藤原国貞	故能登高前司（高階時章）請文案二通、賀茂住人四郎大夫忠遠請文案一通
散位源国吉	故能登高前司請文案三通
僧隆快	故能登高前司請文案四通
散位藤原貞資	高島住人等質券田公験案五巻、清原俊任并男三郎借物文書
散位橘成親	故肥後前司（盛重）請文、故左大弁宰相殿（為隆）請文、当任能登守（季行）請文
正元	越中国庁官田堵等請文
散位源宗貞	物売四条女借請
中原成行	美作当（平忠盛）前司（藤原顕能）庁宣請文返抄等
佐伯国時	周防入道侍字江栄沙汰
散位藤原恒時	大膳進《請使花光》請文、珍貞兼証文
散位藤原忠恒	越前国木田御荘住人検校請文
若江兼次	肥後介散位大江朝臣質券文、蔵人大夫請文案文二通、内匠助請文案二通、筑紫・筑前国葦屋津兵藤滝口に押取られる日記
大中臣景元并僧智慶	大炊頭入質券文案
散位源貞元	讃岐守庁宣四枚、参河守（源資賢）庁宣三枚

ことがわかる。彼らは、院庁の別当・院司や院庁下部・院領荘園に編成された諸階層でもある。したがって、鳥羽院はこれら債務者の権利を擁護しなければならない立場にあった。債権者である日吉社神人の提訴を受けた鳥羽院がその判断を忌避して崇徳天皇に判断を任せたのも当然といえよう。

知行国主・受領の借金理由

これまで日吉神人の活動については、都鄙間交通を利用して諸国で農業用出挙を広範に展開して荘園体制構築を下から支えた民衆経済上の活動として評価されてきた（戸田芳実「王朝都市と荘園体制」『初期中世社会史の研究』東京大学出版会、一九九一）。判決原案の解釈についても、「債権者よりも債務者をより強く法の保護のそとに放置することとなった」という債権者保護説（棚橋光男『中世成立期の法と国家』塙書房、一九八三）が出される一方、「事態は逆で債務者に法的保護を加えたとみた方がよい」という批判説（五味文彦前掲論文）が提起されてきた。

しかし、これまでの検討から判明するように、日吉神人から上分米を借用した債務者は、大半が院近臣の知行国主・受領層や中央諸司官人層であり、田堵・住人らは数えるほどである。それゆえ、「これらのごとく国司が借り召し弁を致せしめ給わざる日記」を証拠文書として神人らが裁判に訴え、返済をせまっていた。むしろ、知行国主や受領層が、日吉神人から巨額な用途を借用した中心人物であった。彼らの活動を民衆経済と規定することはできないと私は考える。

では、なぜ地方財政を扱う知行国主や受領が巨額な借金をする必要があったのか。それはこの時期の国司の勤務評定制度に起因していた。

当時は、国司は任期が原則四年と決められており、任期中の財務処理にまちがいがないかどうかを審査する勤務評価制度が公文勘会《くもんかんかい》とよばれていた。この審査にパスすると、また実入りのよい熟国の受領国司に再度任命（重任《ちょうにん》）されたり、反対に収益のすくない亡国の国司に左遷されたりした。そのため、四年間の財務処理につじつまをあわせるため、一時的に巨額な借金をして決算帳簿をつくっておいて勤務評定をパスしてから、重任や遷任を受けて任国の公物私物によって債務を返済しようとしたのである。

しかも、知行国主や国司のような上級・中級貴族が、それほど財務処理に精通していたはずはなかった。院政期における知行国の公文勘会や財務処理に従事したのは、国務や目代に任じられる民部省済事《さいじ》・外記・史や判官代・主典代《さかんだい》などの公文層といわれる財務処理に詳しい専門集団である。算術や換算・決算や財務運営にたけた清原氏や三善・中原・紀・多・安部や賀茂氏など中央地下官人であった。彼らはいずれも院庁に再編されていった（本郷恵子『中世公家政権の研究』東京大学出版会、一九九八）。

だからこそ、債務弁済をめぐる裁判の判決原案では、債権者である神人の権利保護よりも、債務者である知行国主や受領層の権利保護が重視されていたのである。

借用証文の歴史的性格

債権者である日吉神人が質券として受け取った借用証文は、請文《うけぶみ》という借書がもっとも多い。請文の中に質物を設定したこともあわせて記載していたものと推測される。第二に多いのが、公験案《くげんあん》や質券文案などである。質券は質物を設定した文書で、質入れされた券文でもある。担保である質に対する債務者の権利の源泉をなすもので、土地証文など公験が質に入れられ文書質《もんじょじち》になった。第三のものが、国司庁宣や返抄《へんしょう》であった。返抄は請取状のことで、なぜそれが借用証文になりえたのか。

これまでの研究では、平安時代に中央諸司の官庁は切下文《きりくだしぶみ》という貢納物の徴収文書を支給手段としてもちいたり、受領書である返抄を催促状・給付手段にもちいたことが知られている。この点から、佐藤泰弘は一一世紀には信用に裏付けられた手形が発達していたのではないか、という新説を提起した（佐藤泰弘『日本中世の黎明』京都大学学術出版会、二〇〇一）。これをうけて網野善彦は、国司や官庁の徴税令書である国司庁宣や請取である返抄が担保として神人にわたされたのだと解釈し、金融業者である神人のネットワークの力で原初的な手形の流通がなされたと高く評価した（網野善彦『続・日本の歴史をよみなおす』筑摩書房、一九九六）。

五味文彦は『東征伝』紙背文書《しはいもんじょ》で知られていた「借上《かしあげ》御庁宣のこと、如何ように仰せごと候哉、今朝中内のもとより御返抄送られ候也」とある文書が、元永二年（一一一九）二月十三日に出羽守伊岐致遠が丹後国目代に宛てた書状であることをつきとめた。国司庁宣や返抄は受領が高利貸から借金した際に抵当として差し出したものであるとして質券説を主張した（五味文彦「紙背文書の方法」石井進編『中世をひろげる』吉川弘文館、一九九一）。これに対して、佐藤泰弘は庁宣は物品を徴収する徴税令書であるという立場から、借上《かしあげの》庁宣《ちょうせん》は高利貸への抵当ではなく国側が財貨を借り上げるために発した庁宣であるという逆の解釈を提示した（佐藤泰弘「借上の予備的考察」『甲南大学紀要　文学編』一二四、二〇〇二）。借上庁宣については、抵当・質券説と、正反対の徴集令書説とが対立して決着がついていない。

これは、一二世紀の国司が在地に強制した借用をどの程度評価するのか。借上の社会的存在を院政期にどのように評価するかなど、時代背景を解明することなしには決着しえない問題であり、今後の研究課題といわなければならない。

文書が質になる世界

ただ、この史料が借上という貸借関係をめぐって発行された国司庁宣であることはあきらかである。一二世紀にはいって、知行国主・受領層と日吉社神人との貸借関係が急速に発展し、受領が発した質券や国司庁宣・返抄などの古文書が借金の証拠文書として機能したことだけは事実である。

戦前の中田薫は、日本では不動産質が禁止されていた影響から土地そのものを担保にいれることは未発達で、むしろ文書を質にいれることが一般的であったとしてこれを文書質とよんでいる（中田薫『法制史論集』前掲書）。院政期においても、知行国主や受領が借金をしたときに、実際の土地そのものを質物や抵当・担保にしたのではなく、彼らが発行した質券や国司庁宣・返抄などの古文書を質物にしていたことだけはまちがいない。この時期の日本では、実物の不動産を質にするのではなく、文書を質にする慣習が発達していたという学説が裏付けられる。日本社会で貸借関係が急速に発展し中世借用状や請取状・返抄・送状などの出納関係文書が発達するようになったのは、院政期一二世紀からであることがほぼあきらかになってきた（拙論「中世請取状と貸借関係」『史学雑誌』一一三―一一、二〇〇四）。

法外な利子は無効という社会意識

こうして一二世紀・院政期には、土地や宅地そのものを質物にして借金をするという習慣はうまれていなかった。不動産を質物にすることを禁止するという古代法が生きていたからである。そのため、土地や屋敷を質物にいれるという古文書を書いてそれを質物にして借金をするという方法がひろがった。これが文書質というものであり、それゆえ質券が正式な文書として大切にされた。近代人の契約は本来口頭でなされたときに成立するものである。ところが、日本の現代人は口頭での契約よりも、文書での契約を重要視する人が多い。日本では書かれた証書の信用性が世界の中で著しく高いといわれる（大垣尚司『電子債権』日本経済新聞社、二〇〇五）。モノそのものよりも、契約文書を大切だと考える社会意識は、一二世紀からの歴史の産物である。

借金の返済についても、利子は五割が普通というほど高利であったが、元本の二倍以上の利子を支払うことは違勅罪という法解釈が生きていた。それゆえ、借金取立ての裁判になると、違法な利子の取立ては違法という判決になったのが、院政期から鎌倉時代の裁判の訴訟判決であった。いいかえれば、債務者の権利を保護しようとする社会意識が、債権者の権利擁護の意識よりも強固であった。窮民救済のために債務者の権利保護が社会正義であるとする社会理念が生きていた。

こうした古代・中世人の債務処理慣行をみてみると、日本の現代人はあまりに債務者の権利保護という視点をわすれ、債権者の権利保護だけを過大に尊重しすぎていることが理解できるであろう。では、つぎに文書質と実際の質物とのちがいについて、中世人の社会意識や慣習法をみよう。

質物は安易に他人のものにならない

借金と質流れ

近代の貸借契約では、担保として質物《しちもつ》や抵当を設定しておき、契約不履行になったときに、即刻、質物・抵当が質流れになって債権者の物権になってしまう。それによって負債が相殺されて貸借契約が精算・消滅する。したがって、質物がそのまま独自にとどまる力はもっていない。「売買は賃貸借を破る」として質流れの物権は債権者のものになり、債務者の質物に対する請求権（債権）はなくなってしまう。債権は独立しておらず、物権に連動している。

債務不履行で質流れが起きるのは、昔から変わらぬ社会常識だと信じられてきた。中世社会でも、質物は債務不履行のとき、自動的に質流れになって他人のものになってしまうものと、研究者が考えてきた。しかし、本当に中世では債務不履行の際に質物が流されたのであろうか。中世でも物権は債権に優越するか、具体的に検討してみよう。

中世社会で借金をとりきめる中世借用状には質や抵当をともなうものが多く、質物の設定を目的とした質券と区別しがたいものが多いことをみてきた。

たとえば、貞永元年（一二三二）に道源は利銭《りぜに》を一二五〇文借用したとき、「百文別毎月六文の利を加え弁済すべし、ただし質物には松本家地四軒の券三枚を差し置き、明年二月を過ぎれば、件の敷地を流し奉るべきの状　如　件《くだんのごとし》」と借用状に記載している（根津美術館所蔵文書　鎌四三九八）。このように借用状には、借用額・利子・質物と質流れ文言を記載するのが慣例になっていた。平安時代から鎌倉時代の借用書には宛名はなく、債権者の記入されないものが普通である。債権者の宛名をもった借用状が一般化するのは室町時代末期になってからであることが知られている。しかも、質流れ文言があることから、債務不履行が生じた時点で質物は流れて物権は債権者に移転するものと暗黙のうちに信じられてきた。

しかし、徳政令の研究をすすめた勝俣鎮夫は、室町期の百姓申状を根拠に、極端なかたちでまとめれば、中世後期にも質地は流れないという観念がつよかったのではないかと主張し、「質流れ観念の未成熟」という状況が存在した可能性を指摘した（勝俣鎮夫『戦国時代論』岩波書店、一九九六）。実際に中世借用状を調べて質流れをめぐる慣習法をみると、さがしてみよう。

近代債権論では解釈しえない歴史事象があきらかになってきた。中世には質経済をめぐる独自の慣習法が存在し、質物は安易に他人のものにはならなかった。中世質流れの作法を

質地は永領の法無し

仁治二年（一二四二）僧覚能は伊勢国内瀬御園《ないぜのみその》を質券にいれ静真阿闍梨から銭六貫文を借用した。中世では一貫文は米に換算して一石であったから、現代の物価に換算して約一〇万円ほどとみて本書では計算してきた。六〇万円ほどの借金をした。ところが債務者の覚能は返済ができず倍々利を加えて二四貫文にもなったため、質を流して内瀬御園は静真の手にはいった。静真は「質地については永領の法無し」という慣習法があるので、将来債務者からのいちゃもんを恐れ、建長元年（一二四九）五月五日に弟子たちを引率して覚能の身柄を押し込めた。彼のもっていた書類をむりやり書き換えさせ「質券文を改め譲状を責め取る」という行為にでた（『永仁五年仮殿記』紙背文書一九・二七）。質券文では、質地を私有する権利の源泉になりえないので譲状に作り替えさせようと強制したのである。別の史料にも「質地により知行せしむの間、永領すべからず」とあるから、鎌倉時代の在地社会では「質地は永領の法なし」という社会常識が一般化していたことがわかる。この裁判における最終的な判決文がないので、その後の様子を知ることはできない。

しかし、ここで私が注目したのは、中世社会に「質地は永領の法なし」という慣習法の存在である。そのため、債権者は債務者の身柄を拘束して無理やり質券を譲状に書きかえさせたという事実である。

建永二年（一二〇七）に編纂された公家法の『裁判至要抄』にも古代法の天平勝宝三年（七五一）九月四日の格を根拠にして「質券の状あるといえども、永く領知すべからず。また自余の質物、物主にむかうるに非ざれば、たやすく売ることをえず」という中世法を規定している。この「質券の状あるといえども、永く領知すべからず」という公家法こそ、「質地は永領の法なし」という在地慣習法の淵源であったとみてまちがいない。中世の公家法や在地慣習法では「質地は永領の法なし」が大原則で、質地は債権者の自由な私有地になることはなかった。中世では質流れ地には私的所有権が成立しえなかったのである。

質物は合意なしには流れない

それでは、中世借用状に質流れ文言が記載されてあっても、債務不履行がおきたときに自動的に質流れが実現するのか、実際の実例を再検討してみなければならない。

松王丸は、承久二年（一二二〇）十二月二十七日暮れもおしせまってから、出挙米一石五斗という一〇万五〇〇〇円ほどの借金をした。利子は五割として質物には家地四軒分の質券一通をいれて、「もし明後年の三月をすぎたなら、永く流したてまつり候べきの状如件」と質流れ文言を記して借書を作成した（鎌二六九五）。それから二年後の承久四年三月の時点になって債務の弁償をなしえなかった。しかし、注目されることは、それからさらに一年一ヵ月後の貞応二年（一二二三）四月十五日に新しい質流文（質物の権利引渡し契約文）を作成している。新しい契約状は「奉流進」と書きはじめ、「件の敷地は松王丸の相伝私領であり、領有にまちがいない。しかるに出挙の質物にさしおいたあと、多年をへて出挙米は巨額になった。よって、永久に浄蔵房に関係文書を副えて質流し奉る。後日にさらさら異論ありべからず」と契約し花押をすえている（根津美術館所蔵文書　鎌三〇八五）。これは、債務者が質流れを認めて質物を債権者に引き渡すという新しい契約文であり、流文《ながしぶみ》とか去文《さりぶみ》・避文《さりぶみ》・放文《はなちぶみ》などと呼ばれている。借用状には将来の約束として質流れの文言はあっても、それとは別に質流文《しちながしぶみ》という新しい契約文書を作成していた。

質流文を一見して気付くことは、借用状が縦一七・五センチ、横一二五・〇センチの小さな切紙であるのに対して、質流文は縦三一・〇センチ、横五一・〇センチで通常の竪紙の料紙をもちいて楷書体でかかれている。ここでも、借用状は略式の書類であるが、質流文は正規の独立文書（質物に対する権利証文）として重視されていたことがわかる。

借用状も質流文も貸借契約をめぐる書類であるから、同類の価値あるものと現代人は考える。しかし、中世人の社会常識では、借用状は債務を弁済すれば機能がなくなって廃棄されるから一時的臨時的な仮の姿の書類であり、切紙などでよい。しかし、質流文は永く物権が移動したことを契約する財産文書であるから、正規の料紙をもちい楷書でかかれたものでなければならなかった。

室町期の文明十年（一四七八）十一月の不動寺領相論目安（東寺百合文書ト一一四）には、「永領質券についての御法の趣旨は、本銭の一倍に利子がつもったときに、放状を仕りてこそ流れ質に定候」とある。借用状や質券によって借金をして利子が支払えなくなり本銭の倍額になってしまったときには、あらたに別の放状（質流文）を作成してこそ流れ質に定まるという。「しかるに、利子の料足は一倍にならず、また放状をも出さず候、約束の月もわずか十日ばかり過ぎ候とて、下地織職等を知行すべき由申すことは猛悪の次第に候」と述べている。

中世では、たとえ、借用状や質券に質流れの期日を書いてあったにしても、あたらしく放状をつくって質流れについての合意が成立しなければ、質流れにして下地を知行することは、猛烈な悪事であるという社会意識がいきていた。「放状を仕候てこそ流質に定め候」（あたらしい放状という権利証文を作成してはじめて質流れが実現する）というのが中世の在地慣習法であった。

中世では質流れが制約されていたので、質物をうけとる専門業者である土倉寄合衆《どそうよりあいしゅう》にも、独自の慣習法があった。建治四年（一二七八）正月二十五日明法博士中原明盛勘文には土倉故実《どそうこじつ》という質流れをうけとる作法がつぎのように記載されている（瀬多文書　鎌一二九七〇）。

質流れの作法

件《くだん》の調度文書等は、質物に入れ流し年ひさしくなり、利子分も本銭の一倍になったあと、数箇度にわたって、請け出すように催促をくりかえしたが、それでも返済されることがなかった。そこで、土倉寄合衆が質物を配分しあう合議の場がひらかれたとき、もし質物を請け出すならば、急いでその手続きをするべきである。さもなければ、一衆だけで配分してしまう旨、あい触れたけれども、返済がなかった。凡そ年季も十分経過したうえで、寄合一衆に配分するのが土倉故実也、いわんや道やりなしのうえは、難治《なんじ》の次第也

ここには、債務者と債権者の合意がなしえない場合に、土倉寄合衆が無理に質流れにして財産書類を獲得・配分（転売）するための慣習法（質流れ作法）を定めていた。それによると、①文書質は入れ流してから期間がすぎて利子分が倍額になったあとでも、債権者の土倉は質主に請け出すように何度もくりかえし催促を加えている。②債務者である質主の返済・弁償がなくて、土倉寄合衆による質流れ品の配分をきめる場においても、再度債

務者に質物を請け出すように催促し、それでも返済がなされない場合に土倉寄合衆で配分する旨さらに公開して触れる。③そのうえで返済・弁償がなく年季もすぎているものについて土倉質屋が質物を分配するのが慣習法であった。こうしてみれば、中世社会では質物が質流れになったあとにおいても、債務者はなんどでも請け出す機会を保障されていたことがわかる。

質券之法

祇園社の感神院領備前国可真郷《かまごう》免田は僧聖深から淳弁阿闍梨に相伝されたが、淳弁は財産文書を召し使っていた雑掌の重光法師に預けていた。雑掌重光はこの財産文書を質物にして文永九年（一二七二）に経観房から一〇貫文の無尽銭を借金した。なんども請け出すように催促されたが返済・弁償がなく質流れになり、文書質は土倉の手から超舜阿闍梨に譲渡された（瀬多文書　鎌一一九七〇）。このため、新しい所有権者である超舜と旧い権利者淳弁の両阿闍梨の間で裁判になった。そのなかで、旧主の淳弁阿闍梨はつぎのように主張した（『祇園社記神領部』　鎌一三〇六五）。

淳弁阿闍梨の中状に云う、件の文書を雑掌重光法師に預け置くのところ、にわかに質物に入れると云々、子細は重光法師の和字状にみる。しこうして、超舜が相い語りて云うには、土倉主から彼の文書を与え請けて相伝の潤色に備えたというが、はなはだ無道である。質券の習では、たとえ一倍をすぎるといえども、和与せざればいかでか

証文を他人に与奪《よだつ》せん哉《や》、土倉主誓智の沙汰は罪科軽からざるもの也

ここで、旧主淳弁は、論敵の超舜が土倉寄合衆の誓智から与えられた文書質を相伝の根拠とすることを非難して、「質券の習」では質流れになっても債務者との和与（和解合意）なしには債権者は質物や文書質を移転することはできないのだと反論したのである。

この主張をうけて、建治四年（一二七八）正月二十五日明法博士中原明盛は、「超舜が誓智の譲を得ると称して押妨いたすの条、罪の責めあり、理智なし、所詮、重光法師の責任において半倍の利を加えて弁償し、文書質は債務者に糺返するのが憲章に叶う」との判決原案を示した（瀬多文書　鎌一二九七〇）。

領家の祇園社感神院も「法家の所判、分明に候、社家の所存また法意に違わず」（鎌一三〇三九）として弘安元年（一二七八）五月に政所下文を発給して、旧主淳弁阿闍梨の権利を承認した。

こうして、債務者の同意のないまま質権が設定されて質流れになってしまった物権の移転について公家法は「質券の習」を理由にこれを否定して、半倍の利息を加えた一・五倍の有償による質券の請戻《うけもど》しを認めたのである。それは本所法としても採用され八坂神社領荘園での政所下文によって実効力を付与されたことがわかる。

中世の在地法では「質券の習」という慣習があり、「たとえ一倍をすぎて質流れになっ

ても和与の合意がなければ、証文を他人に譲渡できない」という大法があったことが判明した。

質券之法のひろがり

鎌倉期における質券の習は、在地の慣習法として南北朝時代にも生きていた。康永三年（一三四四）東寺領山城国上桂荘が、五〇貫文の借金の質物として債務者・藤原氏女妙円の手から、銭主平氏女に流れた。そのため、債務者妙円の子孫玉熊丸らは、質券をとりもどそうと裁判に訴えた。

文書質の本主である尼妙円は、去る徳治三年（一三〇八）質券を入れ置いたところ、銭主の平氏女の子息で山徒の南泉坊成尋律師は永領にしようと思い、この文書を抑留した。嘉暦二年（一三二七）に妙円の余流玉熊丸は質券の法に任せて返し渡すべきのよし訴え申すについて、検非違使庁の対馬判官重行が奉行として尋ね下した（東寺百合文書　上島有編『山城国上桂荘史料』一六六(5)）

裁判の結末は不明であるが、南北朝期の山城国上桂荘でも質券の法を根拠にして、債権者である銭主に対して債務者が質券の請け戻しをもとめる訴訟を検非違使庁に起こして、担当奉行が決められ審議がおこなわれていた。ここでも債務者と債権者の合意がないまま、質物の券文が流れたとき、質券の法を根拠に質券の請け戻しを裁判で主張することができた。

こうした訴訟は公家法や本所法だけにとどまらない。鎌倉幕府法二八七条にはつぎの規定がある。

たとい年月をへるといえども、その負物《ふもつ》を償いかの身代《みのしろ》を請け出すの時は、これを返与すべし

身柄を質物にいれた人質についての規定においても、年月とは無関係に債務者が負物を弁償して身代を請け出そうとする限り、債権者はそれを返与する義務があるとした。武家法の法意はあきらかに質券の法と一致している。武家法は何年たっても質物や質人の請け戻しを公認していた（拙論「中世借用状の成立と質券之法」『史学雑誌』一一一―一一、二〇〇二）。

中世債務処理の慣習法

中世では質物が返済期限をすぎて質流れになっても、債務者の取り戻し権は容易に消滅しなかったことがわかる。債務者が質物を請け出そうとするかぎり、いつになっても債権者はそれを返与しなければならなかった。質券の法は、債務者・債権者の双方の和与（和解合意）なしには質流れや質券の譲渡はできないとする。「質地に永領の法なし」という慣習法がいきていた。その理由は、債務者の質地に対する取り戻し権が生きつづけていたからである。いつになっても何年たっても債務を返済したときは、債権者は質地を返さなければならなかった。

これは、古代法において不動産質を禁止していた法令の法意志を体現したものといえよう。これまでの古代史研究は、「禁令にもかかわらず田宅の質入れは古代社会に盛行し階級分化を促進する契機となっていた」（『律令』六九八ページ）とする。しかし、そうではなかった。古代法が不動産質を禁止していたからこそ、中世の在地法では「質地は永領の法無し」という慣習法が生み出され機能していた。中世の公家法や荘園の本所法・武家法でも「質券の法」がいきており、質物や人質は、債務者・債権者の合意なしには質流れにはならなかったし、質券の譲渡はできなかった。質物や人質は、何年たっても債務者が負物を弁償して身代を請け出そうとする限り、債権者はそれを返与する義務があるという社会慣習法が機能していた。債務者の権利と債権者の権利が共存しあっていたのであり、それゆえ紛争は長期化していかざるをえなかったのである。中世の土地売買は質契約と未分化な状態にあったという指摘がなされている。中世の質契約はひろがりをもっていた（菅野文夫「中世における土地売買と質契約」『史学雑誌』九三―九、一九八四）。

自由市場原理によらない経済

質物のうえには債権者の所有権が成立しえないというのが中世人の所有意識であったということになる。債権と物権とがそれぞれ独立しており、質物には独自の世界が成立していた。質地は質流れになったとしても、債務者が返済をして請け出そうとしたら、債権者は何年たっていてももとの持ち主にかえさなければならない。したがって、質地は質流れした場合でも債権者の私有地にはならない。質地は、売買や譲与によって他人に所有権が移動するものとはちがう。質田はいつまでたっても質田として独立していた。こうした理念が中世的所有の観念であった。だから「質地に永領なし」といわれた。中世では貸借による質流れになっても売買や譲与のように所有権は移転しない。それゆえ質経済が独立して発達しえた。質経済では、これまでの社会経済史家がいうほど階級分化や社会秩序の解体を促進したわけではない。商品取引による経済現象よりもゆるやかなもので、むしろ階級分化を抑制する機能をもっていたものとして再評価されるべきである。

近代の自由市場原理では「売買は賃貸借を破る」として質流れの物権は債務者の同意なしに自動的に債権者のものになった。債務者の質物に対する債権は質流れとともになくなってしまうのが近代人の社会常識である。

中世人の社会常識では、質物はいつまでも質物であり、双方の合意がないかぎり物権は移動しない。いいかえれば、債務者の権利保護の意識が近代社会よりもはるかに強く、債務者と債権者の合意が第一義的に重視された。

こうしてみれば、貨幣の交換でなんでも物権が移動するという自由市場原理とは異質な世界が、中世社会には存在していたことがあきらかである。売買によって質地の所有権が移転するという所有観念は古代・中世には存在しえなかった。私的所有権絶対の思想は近代資本主義のものといわなくてはならない。近代資本主義こそが階級分化を是として貧富の差を無限に拡大再生産している。その時代的特質をもっと深く解明する必要がある。

利子率制限法はなかった

自由市場原理では契約の自由が大原則であるから、借金を返済しないかぎり、利子は無限に増大する。債務者と債権者の経済的格差は無限大に拡大し、債務取立てをめぐって紛争や社会的悲劇がくりかえされる。この矛盾を緩和させるため、近世・近代社会では社会政策として金利（利子率）を制限する利息制限法が制定された。

近世・近代の利息制限法

江戸時代では、元和八年（一六二二）京都の町触《まちぶれ》に「利息のことは相対《あいたい》たるべし」とあり、当初は中世からの慣習で当事者間の自由であった。しかし、元禄五年（一六九二）十一月質屋作法御定書之事によってはじめて利子率を制限するようになった。それによると、一〇〇文につき月額三文の利子で年利三割七分五厘まで、金二両以下は一分につき月額三分五厘で年利二割八分まで、金一〇両以下は一分につき月額三分で年利二割四分までと定めている。借金が高額になるほど、利子率を低率にするように制限している。明治政府も、明治十年（一八七七）太政官布告で利子の最高限度を決めている。一〇万円未満は年二割、一〇〇万円未満は年一割八分、一〇〇万円以上は年一割一分とし、それ以上の超過分の利息は無効となった（小早川欣吾『日本担保法史序説』法政大学出版会、一九七九）。こうして近世・近代では年利三割七分以下の利子率に制限されていた。

戦後日本では、一九八〇年代にサラリーマン金融や庶民金融などで高利貸業者からの借金が増殖した。返済ができず、暴力団などを介した取立てや嫌がらせで、借主の蒸発・自殺・一家心中などが増えて社会問題となった。このため一九八三年に貸金業規制法と改正出資取締法が施行された。旧来上限利息は貸金業など特例措置として七三％にのぼっていたものを四〇・〇〇四％に引き下げ、さらに二九・二％とされ、それ以上の利息をとると刑事罰の対象となっている。

他方、利息制限法は種類によって年利一五〜二〇％までに制限しているが、これには罰則規定がないため、民間貸し金業者は二〇〜二九・二％の間のグレーゾーン金利を活用して消費者金融を展開し巨額な利益をあげた（小林英明『債権回収の基本知識』ＰＨＰ研究所、一九九五）。二〇〇六年正月十三日最高裁判所第二小法廷がグレーゾーン金利について

「上限を超えた分の利息の支払いは無効」とする債務者保護のはじめての判決を示した。二〇〇六年十二月にはようやく改正貸金業法によって二〇一〇年までに二〇％に引き下げられることになっている。

こうして、江戸時代では最高利率は年利三割七分五厘まで、明治時代は年利二割、現代においては最高年利二九・二％、二〇一〇年からは年二割の利子率に制限している。反対に現代人は法定金利の利息はどんなに増加しても支払うのは当然であると考えるようになっている。債務者が返済できないのは、債務者の罪であり自己責任だという社会常識が定着している。低率の利子率でも借金を返せないかぎり、永久に利子は増えつづける。債務不履行で貸借契約が解消されないかぎり、利子は無限大に増殖するのが近代債権論の原理である。債務者は、自分の生命保険によって債務履行を強制される現象までおきている。この社会常識がもつ暴力性や非人間性について、現代人はどこまで気がついているのであろうか。

現代貸付取引の特質

世界最初のクレジットカードは一九五〇年ニューヨークで発行されたダイナースクラブカードとされている。日本では一九八六年クレジットカードの発行枚数はわずか九〇〇〇枚であった。ところが一九九三年には社団法人日本クレジット産業協会の調査によると二億枚に達した。返済能力をもたない若者向けカードが激増して、過剰貸付による多重債務問題が社会問題になった（岩田昭夫・プラスチックカンパニー『クレジットカード活用法』かんき出版、一九九五）。一九九二・九三年に「カード地獄」が社会問題になり、最高裁判所は九三年の自己破産件数は四万三五四五件と過去最高を記録したと発表した。

日本経済は一九八五年から九〇年にかけてバブル経済期を体験した。銀行など金融機関が、不動産投資や有価証券投資のために過剰な資金を不動産・ノンバンク・住宅金融専門会社などに貸し出した。信用創造がすすみ、債権が膨れ上がったが、担保に土地をおさえているから経済活動には影響しないとみられていた。戦後、吾妻栄は『近代法における債権の優越的地位』（有斐閣、一九五三）を発表し、近代社会では物権よりも債権が優越していくと説いていた。しかし、バブル経済が破綻するまでは、担保にとった土地の物権が債権に優越するという土地神話が列島を支配して、その誤りに気付くものはいなかった。

その誤りが明確になったのは、バブル崩壊である。一九九二年八月の株価大暴落につづく不動産価格の大暴落であった。担保にとったはずの土地の物権＝実体価値は下落し、銀行の不良債権のみが残った。『フィナンシャルタイムズ』は、日本銀行界の不良債権は四二〜五六兆円と発表した。現在でも当時の日本経済がかかえた不良債権の総額がどれほどであったか、政府はもとより経済学会も正確な数値は把握していない（高尾義一『平成金融不況』中公新書、一九九四）。不良債権が放棄された分の巨額な富が社会から消えていった。社会的浪費がいかに巨額であったか、だれも把握できなかった。

アメリカでは住宅需要を基盤にして「債権の証券化」という未知の領域に足をすすめ、信用創造にもとづく経済活動を推進できるという新古典派経済学の手法が新保守主義とともに宣伝された。住宅を担保にした債権は優良とするサブプライムローンの出発点である。いまや世界経済は、吾妻栄が予測したように債権優越の経済活動が進展しているかにみえる。薄氷を踏む経済・金融運営がつづいていく。

しかし、信用創造も債権の証券化といっても、債務債権関係であることにはかわりがない。債務者が健全で返済能力がある期間は、債権者は自分の持つ債権を行使できるにすぎない。債務者が破産したとたんに、債権者は不良債権の所有者となり、みずからも破産せざるをえない。債権とは健全な債務者がいてこそ機能する相対《あいたい》の権利であり、債務者と債権者が共存していてこそ、機能する人間的な権利である。

債権の本質的性格が現代人にはみえない。現代社会は、債務者は返済義務があり債務不履行は許されない、それが市民のまもるべきモラルだと一方的に社会的にイデオロギー的に強制する。にもかかわらず、アメリカの住宅ローンを返済しえなくなった債務者は破産をよぎなくされた。その結果、世界に流れ出た証券化された債権は信用創造でふくれあがった巨額な不良債権となって国際経済を破壊していく。二〇〇八年正月アメリカ大手銀行シティバンクグループはサブプライムローンに絡む損失が二兆五〇〇〇億円と発表し、三月十六日にはアメリカ第五位の証券会社ベアースターンズが、ＪＰモルガンに救済合併される事態になった。アメリカ政府は一企業に三〇〇億ドルの公費を投入したと報じられた。信用創造の上にたった債権優位の経済活動が巨大な社会暴力であることを示している。投資資本主義というものの罪悪・反社会性を告発しなければならない。利子が無限に増殖するシステムを廃止する必要があるのだ。

　ところが、現実社会では、債務不履行の債務者が社会破壊の元凶者として責められ、必要以上の罪悪感を強制され、親子心中や自殺にまで追い込まれている。金融システムの崩壊を避けなければならない、恐慌が起こらないための公的資金の投入は必要悪だといつもの説明がなされる。日米両政府が口をそろえ、マスコミがそうだそうだとはやし立てる。巨大企業だけが救済され、一般市民に矛盾がしわ寄せされて、自己責任でもないのに自己嫌悪に追い込まれていく社会常識の暴力ほどこわいものはない。健全な債務者がいなければ、債権を行使できないというあたりまえのことを現代人は忘れている。債務者を破産させてはならないのである。債務者と債権者が共存する社会、それこそがもっとも重要な人類社会存続の絶対条件である。

債務者と債権者が互いに共存する原理とはなにか。現代社会を批判的に相対化した世界、近代債権論の世界とは異質な対極の世界を探ることによって、その原理がみえてくる。それこそ、古代や中世社会の債務史の世界を分析する研究課題である。

中世の利子はどこから高利なのか

豊田武『中世日本商業史の研究』（岩波書店、一九五二）などは、中世社会を高利貸業者が活躍した時代と説明してきた。中村直勝は中世の利子率は月別五文・年六割が一般的で「当今では考えられないほどの高率で……金銭融通業者の利益獲得はおおきかった」（『日本古文書学』角川書店、一九七四）とのべる。一二世紀には神人が上分米や上分銭を貸し出し、祠堂銭という利息の低い金融を下級僧侶が営むなど、神仏に直属する非農業民が金融業を営み、室町時代には世俗的な金融業が発達したという歴史像が提示されている（網野善彦『日本の歴史をよみなおす』筑摩書房、一九九一）。歴史啓蒙書では、中世は高利貸業者が活躍した時代というイメージが定着している。昔もいまと同様、債務は返済するのが義務だったと説明されてきた。

他方、社会経済史家の寶月圭吾『中世日本の売券と徳政』（吉川弘文館、一九九九）は、①一般の貸付銭の利率はさまざまであったが、五文子・六文子が普通であった。②幕府は祠堂銭の利子を月二文子に抑制する低利政策をとっていたとする。担保法制史家の小早川欣吾『日本担保法史序説』（前掲書）は、①不動産担保の法定利率を定めた中世法はみえないこと。②中世全期を通じて一〇〇文別月利五文、年利六割が通常の標準で、現代資本主義社会の必然的現象である高利貸的利率に比較してなんら高率ではない、と指摘している。担保法制史家は、中世社会に利子率の上限を定めた利息制限法はなかったといい、現代と比較して高利ではなかったという。

歴史研究者の間では、中世の高利について評価がまちまちであり、なにをもって高利と評価するか見解がわかれている。

そこで、まず、中世社会では法律で利子率の最高限度額を規制する利子率制限法が存在したか否かについてみてみよう。

幕府の利子指定

まず、幕府が法定利率の制限法を制定していたか否かを調べてみよう。鎌倉幕府法では有名な御成敗式目や追加法で利子率を決めたものはない。したがって、室町幕府法が問題となる。長禄三年（一四五九）十一月二日に制定された室町幕府法追加法二六〇条は、「質物の利平のこと、絹布類・絵衫物《えのひとえもの》・書籍・楽器具足・家具・雑具以下の場合には五文子たるべし、盆・香合・茶碗物・花瓶《けびょう》・香炉・金物・武具・米穀類などは六文子たるべし」とある。

ここで幕府は、質物の種類に応じて利子率五文子と六文子に指定した。五文子とは毎月一〇〇文かりて五文の利子（五％の利子）をいう。年利になおすと五×一二ヵ月で六割の利子という高利であることがわかる。中世では絹布・衣服・書籍・楽器・具足《ぐそく》・家具・盆・香合《こうごう》・茶碗・花瓶・香炉《こうろ》・金物《かなもの》・武具・米穀類などいろいろな動産を質にして借金することが社会風習になっていた。

この規定は洛中洛外の土倉《どそう》の質物利平を定めた室町幕府法二六二〜二六四条でも同一の規定になっている。したがって、幕府は質物の種類に応じて利子率を公定して制限していたようにみえる。

しかし、注目されることは、二六〇条の追加法が制定された同一の日に、これとは矛盾する幕府法が出されている。二六一条には「洛中洛外にある諸土倉の利平《りひょう》のこと、近年自由のままに処置されていることは遺憾である。高利については衆中としてこれを定め置いて厳密に相触れよ、もし異議あるものは幕府へ注進して罪科に処するとの仰せが出された」として「一衆中」に宛てられている。ここでは、利子率の決定を土倉一衆中の専決事項として、それを諸土倉に触れるように命じている。したがって、幕府は、全国一律の利子率制限法を制定したのではなく、質屋と土倉の利子率を区別して個別の対応策をとっていたものといわざるをえない。幕府が問題にしたのは、諸土倉が「我意に任せて沙汰をする」というように、土倉一衆中としての取り決めた利子率を遵守していないことであった。

同様の問題は、永正二年（一五〇五）にもおきている。永正元年に徳政令が出てから、金利が上昇して高利のままに取り置かれた。幕府はこれを遺憾として今後は四文子にするように両御倉に申しつけて諸土倉に相触れるように命じた。しかし、一向に改善しない。そこで幕府奉行人の松田頼亮は今後利子率を五文子にするように幕府奉行人奉書をだして申しつけるのがよい、という意見を具申している（蜷川家文書三八一）。

これは文亀三年（一五〇三）に諸国旱魃から飢饉となり、翌年永正と改元したが、疫病は流行し、東国飢饉となった時期である。永正元年九月には京都に土一揆がおき徳政が行なわれ、十月には幕府の永正の徳政令がでた。京中の人々は質物をいれ借金によって生きのびるしか手立てがなかった（藤木久志『飢餓と戦争の戦国を行く』朝日選書、二〇〇一）。貸し手の土倉や質屋が利子率を高く設定しても、借り手は大勢いた。土倉一衆中が四文子と決めて触れを出しても守るものはいない。業を煮やした幕府がかわって五文子に統制しようとする政策案を具申したのである。しかし、幕府がこの献策を採用した形跡はない。

ここから、幕府は質屋や土倉ごとに一衆中で利子率をきめ触れによってまもらせようとし、質物ごとの利子率を定め規制しようとしていたことはわかる。にもかかわらず、それに抵抗する社会勢力が存在し、一六世紀初頭においても幕府は土倉の利子率を制限できなかったことがあきらかである。

だとすれば、中世社会において自立性のつよい寺社や本所など家政権力はそれぞれが利子率をきめることができたのではないか、という当然の疑問がわく。事実、関係史料をしらべると、武家や権門ごとに借金の利子率が異なっていたことがわかる。

武家・寺社ごとの利子指定

鎌倉期の武家では、宇都宮家式条四八条に「所領内利銭《りぜに》付出挙」の規定がある。「利子が過分であると負人《ふにん》（債務者）が苦しむので、今後は三〇日を一月として一〇ヵ月で五把《わ》利《り》をこえることはできない。出挙についても春・夏にかりて秋の収納のときには六把利をこえることはできない」「なお、他所《よそ》の輩が借用した分については、利銭・出挙ともにこれを制限するにおよばない」（『中世法制史料集』）と定めている。御家人宇都宮氏一族は、氏社宇都宮社をふくめた所領内部での利銭の利子率を五割として、年利の計算法も一二ヵ月ではなく月三〇日、一〇ヵ月に指定し、出挙も六割、月六文子（一〇〇文につき六文の利子）にしていた。しかも、所領の外にいる輩に貸し出したときには、利子率の制限はしないと明示している。したがって、所領内ごとの利子率の指定は、領内の債務者を保護するためであった。領外の債務者に対しては利子率の制約はなかった。

地方寺社領の場合をみると、徳治二年（一三〇七）十二月八日摂津国勝尾寺《かちおでら》本堂修造米置文に、二〇人の坊主衆が坊別一斗ずつの米を拠出しあって本堂修造米として総額二石を元手にして貸し出し金融を行なっていたとある。その利子率について「毎年四把利を加え、寺家の要用のときその沙汰をすべし」（勝尾寺文書　鎌二三二〇九）と取り決めている。下野国輪王寺《りんのうじ》でも常行堂で毎年行なう開祖忌日法会《きじつほうえ》の料足を寺内金融に貸し出しており、観日坊は応永七年（一四〇〇）八月十八日に四貫文を借金している。「右の御料足は四文子に合一貫六百文宛、毎年沙汰申すべし」（輪王寺文書四八）とある。ここでも寺内金融の利子率は四文子とされ、年利計算法は一年一〇ヵ月計算であったことがわかる。いずれもメンバー内への利子率の規定であって、近世や近代の利子率制限法とはちがっていた。

権門寺社の利子率規制

青蓮院門跡領荘園の場合にも、文明十六年（一四八四）正月に和泉国上泉荘内包近名《かねちかみょう》代官職を請け負った馬場左京亮伊光請文案（国立国会図書館所蔵古文書）につぎのように規定されている。

御借物は、五文子とし毎年十月中までに算用申すべきもの也

本所側が代官から借金した際の利子率は一〇〇文に月五文の利子として毎年十月中に、本銭と利子分を決算するという契約になっていた。

北野社領荘園においても、延徳三年（一四九一）三月十七日に締結された丹波国舟井荘《ふないのしょう》の代官大田保定請文《うけぶみ》には「御神用秘計の利平《りびょう》においては先例にまかせて四文子たるべく候、ただし十一月中に和市《わし》（市場価格相場）をもって算用《さんよう》（決算）申すべきこと」と取り

決めている（『北野社家日記』）。本所側が年貢米を担保に借金したときの利子率を先例や社例にしたがって四文子とし、毎年十一月中に市場価格の交換率（和市）で、本銭と利子分の決算を行なうことにしている。北野社領と青蓮院領の借金の利子を比較すると、利子率も決算時期についても、北野社の方が本所に有利になっていることがわかる。

ここでも、寺社領や門跡領での利息制限法は、本所側が債務者であり、領内の債務者を高利から防衛するためのものであった。文明十二年（一四八〇）十一月二十八日長福寺寺家置文によると、「利平二文子、毎月晦日懈怠《けたい》なくこれをたてまつるべし」「寺門僧衆のほか借用叶うべからず」と規定している（長福寺文書一〇一九）。祠堂銭の利子率が二文子と低率であったのも、寺内の僧侶しか借用できないものであり、寺内保護のためであった。

以上から、中世の家政権力による利子率の規定は、いずれも寺内や本所側・所領内の債務者の利益を守ろうとする自己防衛的法規であって、中世社会一般の債権者の利子率を制限するための法律は存在しなかったといわなくてはならない。

中世の利子率は無制限

中世の利子率規制は、内部の債務者をまもるためのもので、他所《よそ》に貸し付ける場合には制限されなかった。したがって、中世の借金について利子率の記録をしらべると、借金の種類に応じて、利子率もちがっており、種々雑多であったことにおどろかされる。

まず、鎌倉時代の利子率の種類を一例ずつあげてみよう。表5によると鎌倉時代には、一文子と九文子をのぞいてすべての利子率がみえる。洛中から紀伊・肥前など都鄙に関係なく、利子率は多様であったといえる。たしかに、利子率別の件数について『鎌倉遺文』の古文書すべてを集計して分布曲線をつくれば、これまでいわれているように五文子が圧倒的に多く、四文子・六文子・三文子などの順になることはまちがいない。しかし、ここでは鎌倉時代に利子率の最高限度を制約する利息制限法があったかどうかの検討を問題にしている。江戸時代は年利三割七分五厘まで、明治・現代は年利二割までに金利が制限されているから、それと比較すれば、三文子以上の利息はすべて利息制限法を超える高利だ

表5　鎌倉時代の利子率の事例（月利）

二文子	二文子入	嘉暦三年（一三二八）	兵庫関	東大寺文書　鎌三〇三五四
三文子	毎月百文別三文利分	文保元年（一三一七）	大和	春日神社文書　鎌二六一四三
四文子	月別百文別に四文の利	弘安七年（一二八四）	紀伊	高野山正智院文書　鎌一五〇五四
五文子	毎月貫別五〇文宛利分	元亨三年（一三二三）	和泉	和田文書　鎌二八五二八
六文子	六文利の銭	正中二年（一三二五）	肥前	武雄神社文書　鎌二九一二九
七文子	月毎貫別七〇文の利分	永仁元年（一二九三）	山城	醍醐寺文書　鎌一八四三六
八文子	八把利の出挙	天福元年（一二三三）	紀伊	高野山金剛峰寺文書　鎌一四三四
十文子	百文別に月々一〇文の利	寛喜元年（一二二九）	洛中	東寺百合文書　鎌三八八四

といわなければならない。

四文子とは「月毎に百文別に四文の利」と記載されるから、年利にすると一〇ヵ月計算で四割の利子率、一二ヵ月計算の場合だと四割八分の利子率ということになる。五文子は、「五もんつゝのこ」(高野山文書　鎌二〇〇五二)とかな文字の文書がある。文子に「モンシ」とルビをふる研究者もおり、私も師からそう教えられたが、鎌倉時代には「もんこ」と呼んだらしい。年利になおすと五割から六割の利子になるから、だれもが認める高利だといわなければならない。

つぎに室町期の利子率をみるために、文明年間にしぼって、幕府の政所代《まんどころだい》でよく雑務沙汰の裁判に従事した蜷川親元《にながわちかもと》の『親元日記』から借銭と利子率をみてみよう(表6)。

文明年間でも利子率は一・七・九文子をのぞいて二～十文子まで多様であることが確認できる。祠堂銭《しどうせん》は、禅宗寺院ではじまった。北条氏が宋の禅僧を招聘した禅寺では、個人の位牌をまつる特別の堂舎を祠堂とよび、死者の命日に供養した。法事の行事が御家人層にひろがった。武士らは曾祖父らの菩提を弔う料金や位牌をまつる料金を祠堂銭として寄進した。禅寺では寄進された供養料をあつめて低利で寺院内に貸し出したのである。祠堂銭はどの寺院でも二文子と低率に利子が決められていた。

口入《くにゅう》料足は五文子である。口入とは仲介者・仲人《なこうど》・保証人のことをいう。保証人を立

表6　文明期裁判での利子率の事例

利子率	年	種類	銭主	借主
二文字	文明七年	祠堂銭	東山信光寺	辻与三郎
三文字	文明七年	借物	山徒宝住永秀	飯尾三郎左衛門尉
四文字	文明七年	借銭	成願寺	一宮長門守久成
五文字	文明六年	口入料足	山徒心蓮尋恵	横川南林坊
六文字	文明六年	借用	山門刑部卿祐盛	大草次郎左衛門
八文字	文明六年	秘計	山内首頭貞通	高師為
十文字	文明七年	借物	多賀清忠	光準蔵主

表7　中世の利子率と借金の種類

一文字	将軍参詣入用借用	応永二五年（一四一八）	東寺百合文書ち
二文字	関月宛	嘉暦三年（一三二八）	東大寺文書　鎌三〇三五四
三文字	利銭	元弘三年（一三三三）	同　鎌三二三三三
四文字	借銭	弘安元年（一二七八）	同　鎌一三三〇一
五文字	季頭利銭	寛元三年（一二四五）	東大寺文書　鎌六四九三
六文字	利銭	文永一一年（一二七四）	田中所蔵文書　鎌一一七三九
七文字	日吉上分	建長八年（一二五六）	東寺百合文書　鎌七九六二
八文字	出挙	天福元年（一二三三）	高野山文書　鎌四五三四
十文字	利銭	寛喜二年（一二三〇）	東寺百合文書　鎌四〇〇二

てた借金は五文子だった。借物は、本来無利子の借銭を指すのであるが、文明七年の場合は十文子であるから、到底利子率制限法があったとはいえない。この年も三・五・八月と「諸国大風津浪」がつづき、京都での大洪水、近江での大崩《おおくずれ》があったにもかかわらず、「近国大風大浪、大和国一切不吹《ふかず》、希有《けう》事也」と大和のみは被害がなかったという（藤木久志『日本中世気象災害史年表稿』）。したがって、京都から近江での地域的な災害による金利の上昇による十文子と考えられる。

中世を通じて借金の種類と利子率の種類をひろってみても、表7のとおりである。一文子は将軍が東寺に参詣したときの経費を借用したものであったから、低率だったのであろう。利銭という種類の借金の場合にも、三・六・十文子というように利子率が多様であったことになる。

こうしてみると、中世では九文子だけがみえず、ありとあらゆる利子率が存在したことがわかる。中世人が九という数字を意図的に忌避したのではなかろうか。その理由については、不明で今後の検討課題である。

十文子と飢饉

それにしても、八文子や十文子はあまりに異常な高利である。年利で一〇割をかるく超えてしまう。それはやはり中世社会では飢饉が日常化した異常な社会経済状態にあったことを考えなければ説明できないと思う。寛喜元年（一二二九）十一月二日二郎の借用状（東寺百合文書　鎌三八八四）、寛喜二年七月十三日あいとく母の利銭借用状（東寺百合文書　鎌四〇〇二）、豊前の宇佐神宮領内で寛元二年（一二四四）に「三十日を一月として百文別十文宛利分」（到津文書　鎌六三〇七）とあり、安芸国新勅旨田年貢米でも弘安六年（一二八三）に十文子の事例（東寺文書百合外　鎌一四七九二）がある。もはや想像を超える高利であるが、それでも借り手があった。寛喜の飢饉や蒙古襲来などの社会背景を個別に検討してみる必要がある。建武五年（一三三八）四月八日に領主池端氏は「うはたろう」という九歳の童を用途二〇〇文の質物として奴婢にとったが、その口実は「飢饉のため当時の二百文は、日ごろの二貫三貫文にも当り候」と主張している（『薩藩旧記雑録前編I』二〇一一）。飢饉では、人の売買価格ですら十分の一になるという。金利が八文子や十文子に上昇するのもあたりまえといえる。

以上の調査から判明したことは、第一に中世では、近世・近代・現代におけるように利子率の最高限度額を決めるような利子率制限法は存在していなかったことである。十文子という利子率の存在は「百文別に月々十文の利」とあるから、一年一〇ヵ月で年利一〇割、一二ヵ月計算だと年利一二割であるから、だれがみても利子率の制限があったとはいえない。一年で一〇割を超える利子でも借り手がいたのであり、それでも貸借関係が機能していたことを意味する。

第二に、中世での利子率は武家や権門、寺社ごと、土倉・酒屋ごとなど、家政権力ごとに自主決定することができた。しかもその利子率は、寺社本所領や荘園所領や家中での債務者保護の自己防衛的規制であって、荘園所領外や寺社の外、家中以外のものに対して貸し出すときの利子率は制約を受けなかった。

中世では、近世・近代社会のような最高利子率を制約する利息制限法が存在してなかったことはあきらかである。それでも中世の社会経済は循環していたのであるから、中世債務処理の世界では、近代債権論の社会常識とはまったく異質な経済原理が生きていたと考えざるを得ない。

中世の利息は総額主義で一定額以上にはふえない

中世の利子率は九文子を除いて一文子から十文子まであり、まったく無制限であった。それにもかかわらず、多様な種類の借金が存在し、社会経済が動いていたというのであるから、そのなぞを解いてみたくなる。中世社会の利息は、近代債権論の世界とはどのように異なっていたのであろうか。

高利でも借金返済が循環する原理

正中二年（一三二五）六月四日、肥前国長嶋荘で六文利（年利六〜七割二分）という高金利で二貫文を借金した借用状（武雄神社文書鎌二九一二九）が締結された。その契約内容を注意深くみてみよう。

┌────┐くる六文利の銭事
合二貫文定

□件用途、質には長嶋荘富岡内宮崎古井手の下の畠二反を入れる、懈怠して来《きたる》十二月過ぎて、本子二貫八百文の用途を返したならば、何年にても候へ、豊前国いのひさの越前殿の知行候へく候、但し、いつにても候へ作毛の煩いなく二貫八百文返したなら、彼の畠を給はるべく候状如件

正中二年六月四日　　頼通（花押）

この契約状は、武雄神社大宮司《たけおじんじゃだいぐうじ》藤原頼門の代官頼通が二貫文を借金して、長嶋荘富岡内宮崎古井手の下にある畠二反を質物に入れた。六ヵ月後の年末をすぎて返済できない場合は畠を流質にして豊前国田川郡猪膝の越前殿の知行にしてよい。ただし、本銭と利子分を合わせた二貫八〇〇文の用途を返済したならば、いつになっても何年たっても彼の畠は返していただく、というものである。

ここには、質物が質流れになっても債務者が利子付借金分を返済したならいつになっても何年たっても質物は本主のもとに戻されるという「質地に永領の法なし」の原理が生きていたことを示している。しかも、ここで特に注意してほしいのが、「本子二貫八百文」として返済額が固定化されており、利子が近代債権論のように無限に増殖していないことである。本銭が二貫文、利子分が八〇〇文で定額になることについて債務・債権者双方の了解が成立していたのである。

六文子は一〇〇文を借りて月額六文の利子であるから、二貫文なら月額一二〇文であり、月三〇日計算にして一日四文の利子である。六月四日に債務契約を結んで六ヵ月後の十二月晦日までの借用期間は二〇六日であるから、利子分は四文×二〇六日分＝八二四文となる。一緡《ひとさし》一〇〇文は九七枚で換算される（石井進「銭百文は何枚か」『中世史を考える』校倉書房、一九九一）。三×八＝二四文を差し引くときっかり八〇〇文となる。利子分八〇〇文は、借用期間六月四日から十二月晦日までの日割計算の利子分とみてまちがいない。まさに、年利にして六～七割にも及ぶ高額な利子率であっても、利子を支払うのは返済期日までの期間であって、それ以後は返済日がいつになっても何年たっても利息分は固定され増殖しない。利息は定額となっていた。ここに中世債務史関係において、債務者が破産することなく債権者と共存しえた秘密がある。

近代債権論では、債権者の権利だけを優先的に保護するから、契約上の返済日をすぎても債務を返済しないかぎり契約はつづいているものとして利子は無限に増殖する。消費者金融大手五社が二〇〇五年度に受け取った自殺による死亡保険金は三六四九件であったことが、二〇〇六年九月、金融庁調査で明らかにされた。生命が債務の担保にされている。これが私的所有と自由契約を絶対とする現代人の残酷さである。しかし、武力で殺し合い自力救済を当然視する殺伐とした中世人は、利子についてては寛容であった。債務者債権者双方が共存できるように契約上の返済日以降の利子分は増殖しないという利息定額の世界で生活していた。

利息制限法は利一倍法

中世における利息制限法は、利子率を無制限にする代わりに、利息の増殖を一定額で固定する総額主義であった。戦前の法制史家中田薫は、古代中世では「利子が累積して本銭の一倍以上に達することを禁止せる」利倍法が当時の利息制限法であるとした（『法制史論集　第二巻』前掲書）。小早川欣吾は、利倍法が公家法から武家法に受け継がれ、利子が本銭の倍額になるまでに返済されない場合には流質になり、反対に本銭収益後に質を返還する慣習も存在したことを指摘した（小早川欣吾『日本担保法史序説』前掲書）。最近笠松宏至は中世法が普遍的な効力をもちえない中で、利倍法が長く生きつづけた大法で、債務者の側にたつ法理であったがため、質物の帰属は債権者に付して一定のバランスをとる「折中の法」が生きていたと推測している（「利子のはなし」『文書と記録』岩波書店、二〇〇〇）。

したがって、つぎの研究課題は、利息を元本の二倍までに制限する利倍法という古代法が中世のいつの時点で復活したのかについてあきらかにすることである。以下、その検討に入ろう。

古代利倍法の復活と宋銭流通

平氏が台頭する中、高倉天皇がはじめて親政の政治方針を宣言したのが、治承二年（一一七八）七月十八日公家新制《くげしんせい》（『続左丞抄《ぞくさじょうしょう》』第二）であった。そこには保元新制などにみられない独自の法として利倍法が第七条に規定されていた。

一、応《まさ》に同く私出挙の利は一倍を廻《めぐ》ることを停止の事、右同宣、勅を奉ず、私物を出挙するは格の制するところ殊に重し、況《いわ》んや非法の利においてをや……たとい契状を出し多年を経ると雖《いえど》も、一倍之外、非法の利を停止すべし者

ここでは、古代国家が制定した「格の制」を根拠にして私出挙の利子を本銭の一倍を過して複利計算することを禁止し、本銭の倍額以上の「非法の利」を徴収することを禁止した。このころ、沽価法《こかほう》という金融政策の制定をめぐって九条兼実と平清盛が対立をくりかえした。翌治承三年になると、「近代唐土渡りの銭」が国内でほしいままに流通しているという宋銭流通問題が政治問題になった。兼実や明法家検非違使中原基広《みょうぼうかみちちか》らは違法な私《し》鋳《ちゅうせん》銭と同じだとして宋銭停止令を主張した。高倉天皇の蔵人頭源通親や清盛は宋銭を停止しないで放任する政策を諮問した（『玉葉』同年七月二十五日、二十七日条）。両者の対立ははげしく、宋銭停止令は日の目をみなかった。他方、平氏の日宋貿易により宋銭の流通が拡大し、皇朝十二銭を含む銭出挙が活発化した。そのため出挙利を本銭の倍額までに制

限する古代法を復活するという復古的政策を採用することでは両派が一致した。それは結果的に古代国家が禁止してきた私出挙を公認せざるをえないという矛盾を生み出した。

平氏政権が滅亡して鎌倉幕府ができると、守旧派特権貴族の九条兼実が摂政となった。文治三年（一一八七）には三河国司源範頼が今銭《いまぜに》（＝宋銭）停止と出挙利加増を提案した。文治三年と五年には後白河院・後鳥羽天皇は銭停止令と宋銭停止令を発したと推測される（拙論「宋銭輸入の歴史的意義」池享編『銭貨』青木書店、二〇〇一）。

建久二年（一一九二）三月二十八日公家新制（三代制符）では、「三代の格」と「雑令」を理由に「私出挙の利は一倍を過《こ》えることを停止すべき事」を命じている。建久四年七月四日宣旨（法曹至要抄）では「自今以後、永く宋朝銭貨《そうちょうせんか》を停止すべし」と宋銭停止令を出し、その効果をあげるためには銭貨流通そのものを停止して沽価法を遵守させようとした。同年八月六日宣旨（『法曹至要抄』）では、一貫文を一石とする銭直法《ぜにのじきほう》を決めるとともに初めて「弘仁十年五月二日格」の名前を出して「六十日毎に利を取れ、八分一を過《す》ぐるをえず、四百八十日を過ると雖も、一倍を過るべからず」と命令した。銭の流通を停止し、米での私出挙を認め、利子は元本の倍額までという利倍法だけは遵守させようとした。さらに同年十二月二十九日宣旨（『法曹至要抄』）では「応《まさ》に銭貨出挙は米をもって利分を弁償すべき事」が決められた。宋銭停止令の下で利分を米で支払うという銭直法によって中世国家がはじめて銭貨出挙を公認するに至ったのである。この史料が中世における銭貨出挙の初見である。

宋銭が民間に流通しはじめ、民間が必要不可欠とした稲出挙や銭出挙をどのように公認するかという困難な政策判断の中で、弘仁十年五月二日格にもとづいて、中世公家法として利倍法が復活した。中世でも借金の利息は本銭の二倍までしか増殖しないという国家法が決められ、総額主義による利息制限法が決められ、それ以上の利息は「非法の利」として裁判では無効となった。

中世法曹官人の法律操作

建久四年（一一九三）八月六日宣旨では、銭直法とともに弘仁十年（八一九）五月二日格が引用されて「一倍を過すべからず」と利倍法が再確認された。しかし、そこには中世の明法官人による独特の法律操作が隠されていた。

『類聚三代格』によって実際の弘仁十年五月二日格を確認すると、「銭の利は半倍を過《こ》えならびに理にあらざる質を沽《う》ることを禁断すべし」とあり、延暦十六年（七九七）四月二十日官符を根拠に「自今以後、公私挙銭、宜《よろしく》一年を限り半倍の利を収め、年紀を積もると雖もこえて責めをえず」と命じている。ここで律令政府は銭出挙の利息を元本の半倍までと制限したのである。建久の宣旨は一倍とあるから、弘仁十年の格をまちがって引用したようにみえる。

しかし、明法官人は弘仁十年格が利半倍法であることを承知しながら、そこに引用された「雑令」が利倍法をのせていることから、彼らは雑令の法文を中世法として復活させ、銭出挙の利倍法としたのである。それなら、なぜ弘仁十年五月二日格を引用しなければならなかったのか。それは、弘仁の格だけが延暦十六年四月二十日官符を引用して「銭の利」を規定した唯一の古代法だからである。銭出挙の利を規制した古代法は延暦十六年四月二十日官符を引用した弘仁十年五月二日格以外には存在しなかった。しかも、建久年間の後鳥羽院や幕府は銭出挙の利を半倍法ではなく、利倍法にもとめていた。したがって、明法官人は銭出挙の規定として弘仁の格を復古させ、利倍法の規定はそこに引用された雑令の法文を復古させるという苦肉の法律操作を行なった。まさに、中世の明法官人は建久年間の現実社会に適応する古代法を探り出し、独自の法律操作を行なって現実政治に有効な中世法をつくりだしたのである。

このような中世法曹官人による法律操作は、文永四年（一二六七）の「明法条々勘録」でもみられることが指摘されている（佐藤進一「公家法の特質とその背景」『中世政治社会思想』岩波書店、一九八一）。

もともと、治承・文治・建久年間は飢饉と疫病と源平内乱の混乱期であり、出挙利が高くても借金需要が大きく、出挙利を一倍法に制定してもそれをまもらせるのが至難の業であった。社会が安定し、借金の需要が下がらなければ、銭出挙の利半倍法を守りうる社会状況はうまれない。しかも公家と武家の足並みがそろわなければ実現しない。これが、銭貨出挙の半倍法の復活が遅れた社会的理由である。

挙銭の半倍法復活

では、本来の銭出挙の利を半倍とする延暦十六年四月二十日官符・弘仁十年五月二日格の古代法は、いつの時期になって中世法として復活するのか。

つぎの嘉禄二年（一二二六）正月二十六日関東下知状をみてほしい（『中世法制史料集』）。

私出挙の利一倍を過ぎあわせて挙銭の利半倍を過ることを禁断すべきこと。（中略）且つは京畿諸国等におおせ、且つは弘仁・建久格にまかせ、四百八十日を過ると雖も一倍を過《こ》えず、挙銭においては宜しく一年を限り半倍の利を収め、たとい年紀を積むといえども加増せしむことなかれ。

ここには、弘仁・建久格を根拠にして、私出挙の利息が増殖するのは四八〇日間までで、その額は本銭の倍額まで、挙銭の利息が増殖するのは一年間を限度として本銭の半倍までとする。貸借期間が何年になっても利子はそれ以上には増殖しない。これに反するものは非法の利であるから罪科に処すことを明示している。しかも「以前の条々こと、宣旨これ到来す、即ち下知を先にし畢《おわんぬ》」とあり、朝廷が嘉禄元年十月二十九日に発した宣旨をうけてその施行を幕府が命じたことがわかる。これこそ、延暦十六年官符・弘仁十年格のいう銭出挙の利半倍法が中世法として復活したことを示すものである。しかも挙銭そのものを公認しているから、皇朝銭と今銭（=宋銭）との区別を問題にしていない。結果的に宋銭流通停止令そのものを放棄することになったのである。

　これまでの研究では嘉禄元年十月二十九日宣旨は公家新制三六ヵ条で衣装調度以下の過差を禁止したものであるとし（三浦周行『日本史の研究』岩波書店、一九八一、水戸部正男『公家新制の研究』創文社、一九六一）、幕府が公家新制をそのまま施行したのは翌年正月二十七日に将軍宣下があったことに関連するのではないかとする説が提示されている（稲葉伸道「新制の研究」『史学雑誌』九六―一、一九八七）。公家新制によって挙銭の利半倍法という古代法が復活したことはまったく触れられていない。嘉禄の公家新制こそ、古代の挙銭利半倍法を復古させた重要な中世公家法だといわなければならない。この時期を境に、宋銭流通が全国に急速に浸透していく。

嘉禄新制の影響

　嘉禄新制による挙銭の半倍法の制定は、出挙銭・挙銭・利銭などの多様な借銭が登場してきた時期であっただけに社会的に大きな影響を与えた。中世の国政運営が復古という形態をとりながら現実的な政策を実施して効果的な成果をあげていくという方法が中世法曹官人の法律操作であった。

嘉禄三年（一二二七）四月十三日には、「銭出挙の利は年序をへて契約文書を作り替えても半倍をこえず、米出挙も同じく年序をこえても一倍をこえることはできない、この禁制を叙用しえない輩は、その物を没官し罪科に処すとの宣旨が去々年宣下され畢《おわんぬ》、勿論のことである」と明法勘状（『中世法制史料集』）が出され、公武で再確認されている。私出挙では利一倍、挙銭の利は半倍、それ以上の利子を取った場合には、債権者のものを没収して罪科に処すという犯罪として処罰した。

寛喜二年（一二三〇）にはじまった寛喜の大飢饉では、幕府も貞永式目を制定するなど緊急対策をこうじた（磯貝富士男『中世の農業と気候』前掲書）。朝廷も寛喜三年十一月三日公家新制を出し「嘉禄の制」にもとづいて私出挙の利一倍法と挙銭利半倍法の遵守を命じている（近衛家文書　鎌四二四〇）。寛喜の飢饉では、借金需要が大きく、十文子の契約文が複数残っていることはすでにみた。厳しい現実の中で、ふたつの法があれば立場の弱い債務者は利一倍の適用を強制されるのが通例である。こうした矛盾に対しては、武家法がいち早く対応した。天福元年（一二三三）四月十六日幕府追加法は「大風以前の出挙は上下親疎を論ぜず一倍を停止し、五把利をもって一倍たるべきの由定められる。偏《ひとえ》に諸国に下知せしめ奉行人を差し定め六波羅に注し遣《つか》わされると云々」（『吾妻鏡』）とある。大風とは寛喜二年八月八日の大風雨をさすもので、寛喜の大飢饉以前に締結した米出挙の利息は利倍法を停止し、すべて挙銭の半倍法と同じく、五割の利で以後増殖しないと定め、六波羅探題に下知し諸国に触れた。飢饉の中で、挙銭半倍法に統一して返済利息を引き下げ、元金の半倍までの定額で増殖しないことになった。一貫文借りても利子分は五〇〇文でストップするのであるから、債務者も返済額が少なくてすむ。しかも何年たっても返済さえすれば質物が戻るのであるから、飢饉を生きのびた債務者も借金で破綻する度合いは、近代的債権法よりもはるかに少なかったと考えられる。債権者も長期の返済になるとはいえ、不良債権にならずに済んだのである。

建長七年（一二五五）になると幕府は追加法三〇六条で「私出挙・挙銭の利分は、一倍を過すべからず、前々沙汰せしめ畢。たとい年紀を積むと雖《いえど》も加増すべからず」（新編追加五四条）と定め、今度は米出挙も挙銭もともに利一倍法に統一している。中世の借金は、安定し、商業活動による債権者の権利保護に配慮するようになった。中世の借金は、どんなに高い利子でも、借金した元本の倍額以上には増殖しないことがご理解いただけたであろう。この大法は中世後期でも戦国時代でも大原則であった。

挙銭や利銭など銭の借金については、利息は一年を限りとし借金した額の半額以上には増殖しなかった。この大法は「挙銭半倍法」といわれて室町時代にも機能しつづけた。

建武徳政令と挙銭半倍法

建武二年（一三三五）十二月に興福寺三面僧坊年預所が下文という命令文書を発している（永島福太郎「讃岐神崎荘の伝領」『日本歴史』二九六、一九七三）。

一、本銭返《ほんせんかえし》ならび年記《ねんき》沽却《こきゃく》地のこと、近日の宣下せらるるごとくんば、挙銭半倍の法をもって所出の土貢に相当し本主に返さるるの由その聞こえあり、当荘分の事ことごとく注進せしむべきこと（事智間断事紙背文書）

建武政府が宣旨として発布した公家法では、本銭返の売地ならび年季売りの売地についても「挙銭半倍の法」を適用して、借金の半額を支払えば本主に売地を戻してよいという徳政令が出た。本銭返とは、借金の替わりに土地を売却したとき、本銭を返済したときには売り地を本主にもどすことを約束した売買契約である。中世の売買契約が質契約と未分化であったことを示すものである（寶月圭吾『中世日本の売券と徳政』前掲書）。年季沽却地は、年季売といい一定の期間をかぎり土地の占有権を売却するものである。その上、挙銭半倍法を所出の年貢未納分についても適用させて、本主に返されているとの風聞がある。いそいで、当荘においても未進分のことを悉《ことごと》く注進せよというのである。

これは、建武元年（一三三四）五月に後醍醐天皇が発布した徳政令を受けて興福寺三面僧坊が衆会《しゅえ》をひらき在地の荘園に命令したものと説明されている（網野善彦『悪党と海賊』法政大学出版局、一九九五）。後醍醐天皇が徳政令を出したことを高く評価したのである。

私がここで注目するのは、「挙銭半倍の法をもって所出の土貢に相当し、本主に返さるるの由、その聞こえあり」という宣旨の内容である。挙銭半倍の法によって本銭の半額の利子を支払えば、本銭返売買や年季売買した土地についても本主に返してよい、年貢問題についても挙銭半倍法を適用し半分の支払いで債務免除になるというのである。挙銭半倍法が基本原則になっている。

これは風聞であるから、伝聞史料ということになる。この宣旨の内容が確かなものかどうか、別の史料で裏づけをとらないと信用できない。調査してみると、『千葉県史』の建武三年八月十三日千葉貞胤書状案の中に「年記沽却地のこと、使庁之法のごとくんば、結解をとげ買主半倍に及び所務せしめば、沽主返領子細あるべからず。負物《ふもつ》のこと、同じく半倍をもってその弁を致すべく候、向後、この法を守り成敗あるべく候《おいもの》」（田所文書）とある。『大日本史料』にも記載された著名な史料で、戦前の佐藤三郎、戦後の赤松俊秀・佐藤進一・黒田俊雄・鈴木哲雄らによって論じられ、多くの諸説が提示されている。しかし、これまでの諸説はここにみえる「半倍」についてまったく言及していない。しかし、これこそ建武新政府が出した「挙銭半倍の法」として理解すれば、本銭返売買地・年季沽却地・負物・所出の土貢未進などについてすべて「半倍」が問題になっていることが整合的に理解できる。いずれも本銭の半額の利子を支払えば、売地や質物が本主に戻されるという徳政令である。

以上から、後醍醐天皇は建武元年五月の宣旨で「挙銭半倍の法」を発し、本銭返売買地・年季沽却地・質券沽却地・負物・所出の土貢などについて、本銭の半分の利子を返済すれば本主の手に売払地や質物を戻すという徳政令を出したものとみてまちがいない（拙論「日本中世の利息制限法と借書の時効法」『歴史学研究』八一一、二〇〇六）。

挙銭半倍法は、室町時代になると本銭に半倍の利を副えた一・五倍の支払いで債務関係を解消する一・五倍弁償法となって慣習法としてひろがっていく。

古代中世の利息総額制限法

ようやく、中世債務史慣行をめぐる利子増殖の秘密をあきらかにすることができた。中世社会では、治承二年（一一七八）七月十八日公家新制によって利子が増殖するのは四八〇日間、しかも出挙利は借金した本銭の二倍以上には何年たっても増加しないという利倍法が制定されていた。嘉禄元年（一二二五）十月二十九日の公家新制と嘉禄二年正月二十六日武家新制によって、米出挙の利倍法とともに挙銭の半倍法が制定された。これによって、古代法である延暦十六年四月二十日官符と弘仁十年五月二日格が復活することになった。古代と中世では利息制限法は、何年借りていても借金の利息は四八〇日限り、本銭の倍額以上には増殖しないという総量規制であったことがわかる。銭の借金の場合には、利息は一年限りで元本の半額以上には増殖しない。それ以外の利子は非法の利として裁判では無効となった。

このように復活した古代法は中世独自の解釈とあたらしい意味を含んでいる。現代人の古代史研究家が中世法曹官人の勘文《かんもん》をみて、律令の解釈が「誤解の域を脱して法意がすりかわっている」ことや律令の引用が正文からの引用ではなく勘文からの孫引《まごびき》で、原典の意味内容への無理解などを指摘して「明法家の学問的な堕落」と「律令の死」を指摘している（早川庄八『中世に生きる律令』平凡社選書、一九八六）。その事実の指摘は的確であるが、堕落とする評価はいかがであろうか。中世明法官人は、現実と律令法の復古という形式をとってつくられていく公家法との間隙《かんげき》を埋めながら、あたらしい新法や判決原案を創造することを家職として要求されていた。もとより、律令法の死は前提であり、復古という形態での公家法の制定は、律令法の「自在な拡張解釈」以外のなにものでもなく、中世法曹官人の努力の賜物であったというべきではなかろうか。

中世の利息が総額主義で元本の二倍以上に増殖しなかったとすれば、これまでの日本経済史の通説そのものが再検討されなければならない。鎌倉末期から高利貸が発達して質流れになり、土倉や酒屋など金融業者が富を独占し貨幣経済が発達したとみる旧来の経済史がつくりだした歴史像は虚像である。古代中世社会では借銭の利子率は無制限でも、利子の増殖する期間は一年を限り、ながくても四八〇日とし、利子の総額は借金の元本の半額までという挙銭半倍法が生きており、それ以上は非法の利として裁判では無効となった。債務者の権利が保護され、破産に追い込まれる可能性は、近代債権論の世界よりもはるかに少なかった。

中世の貸借契約では、いつになっても何年たっても定額の借金本利を返済すれば、質流れになった質田や質物は債務者の手に戻された。質地田畠はいつまでたっても他人の私有物になることはなく、定額利子付借金さえ返済できれば、債務者の手に戻った。質経済が売買取引とならんで独自の世界をつくりだしていた。階級分化はスローで、質田や質物のやりとりで債務者も破産せず、債権者も不良債権で破産することもすくなかった。質経済で循環する経済現象が中世社会に存続していたのである。質経済の世界が個別具体的に解明されなければならない。今後の研究課題である。

近世・近代の利息制限法は利子率を低く制限しても、返済がすまないかぎり利子は無限に増殖しつづける。どちらが、債務者・債権者双方の共存のために役立つかはあきらかであろう。前近代民衆の知の体系が、近代資本主義や私有財産制の非人間性を暴きだすちからをもっている。二一世紀の将来に地球人は、債務者・債権者双方が共存しえる債務処理の原理を見つけ出すにちがいないと私は確信している。

無利子の借銭

イスラム金融では昔から無利子が原則であり、現代のイスラム銀行も無利子金融であり、世界に拡大しつつあることはすでに紹介した。しかし、日本中世社会でも無利子の借銭がひろがっていたことはほとんど知られていないので、その検討に移ろう。

利子のつかない借金

中世では、無利息の消費貸借を「借物《しゃくもつ》」、利子付消費貸借は「負物《ふもつ》《おいもの》」といい、両者を明確に区別していたことが指摘されている（佐藤進一『古文書学入門』法政大学出版局、一九七一）。室町時代にも預状《あずかりじょう》による借銭（預《あずかり》銭《ぜに》）の中に無利子の借銭が存在していたことを寶月圭吾があきらかにした（寶月圭吾『中世日本の売券と徳政』前掲書）。預状による借金で無利子であるものについては、分一銭の納入と無関係に徳政令の適用が免除されていた。ところが、しらべてみると、中世社会では無利子であることを明記した借金が意外と沢山記録にのこっている。

道米募銭は利分候わず

高野山領の荘園では、院や領家が熊野詣に出たとき上下向分の経費にあてるため道米《どうまい》を負担させられた。上向分が賦課される荘園を上荘分といい、下向分を負担する荘園を下荘分といい、それぞれを専門に担当する上公文と下公文が決められていた。この熊野詣道米は「道米募《つのり》注文《ちゅうもん》」とか「上下ノ募銭」と呼ばれており、本来は募金としてあつめられて、「つのり銭」といった。

ところが、正嘉二年（一二五八）にはじまった正嘉の飢饉がつづく中で募金などに応じる余裕はなくなった。正元元年（一二五九）八月阿弖《あて》河荘《がわのしょう》荘官らは「道米つのり候事、御綿代にて、沙汰つかまつるへく候、但し利分候ハすして、沙汰し候へく候、これよりのちも、利分こと申へからず候」という請文を出した（高野山文書　鎌八四〇四）。道米の募集は綿代《わたしろ》を充当して処理すること、利子分は無く今後も無利子にすることで高野山と契約した。弘長元年（一二六一）九月十日にも「年々未進御綿分」の支払分を道米に「募給へく候」とした（高野山文書　鎌八七一五）。未進分の綿代を道米に充当することで処理した。翌二年九月二十九日の紀伊国阿弖河荘百姓等申状にも「道米のつのりのこと、御綿の年々の未進分をもちてつのり給へきよし、仰せをかふりて候」（同　鎌八八七五）とある。道米は募金ではなく、未進分として徴収された御綿の中から道米分を充当することになったことがわかる。こうして御綿が徴収されたが、本来は募金の性格であったから徴収人は十楽法師《じゅうらくほうし》という勧進僧があたり、彼が請取状を出している（鎌八四一六・八四一八）。

「募る、引き募る」という言葉は、中世では権威を募る（笠にきる）という意味のほかに、用途に募る（抵当にする・つぐなう）の意味があり、第三の意味として充当するという意味が生まれたことが指摘されている（笠松宏至『中世人との対話』東京大学出版会、一九九七）。本来、募金であった「募銭」の道米が御綿分で沙汰するようになっても、無利子で処理される慣習法になったことがわかる。

借米と出挙の区別

薩摩国谷山郡では、郡司谷山氏の上に郡惣地頭の島津氏がいて、忠久・忠実・宗久と三代つづき、両者は谷山郡の支配・管理をめぐって紛争がやまなかった。弘安三年（一二八〇）には大宰府が仲介にはいって弘安十年十月三日に鎮西探題府裁許状が出され、ようやく両者の合意が成立した。下地の管理は郡司が行ない、荘園年貢の所当と地頭得分は、郡司の手から惣地頭島津氏に進上することにきまった。

ところが、正安年間（一二九九〜一三〇二）になると、再び弘安十年以降の年貢を未進し地頭得分を郡司が抑留するといって、島津宗久が谷山資忠を鎮西探題に提訴した。この裁判で鎮西探題が正安二年（一三〇〇）七月二日に出した判決文がのこっている。地頭得分の抑留については、惣地頭と郡司の合意がないため古神田や算失田などの検注や目録固ができないためであり、郡司による自由な抑留とはいえない、として郡司の主張を認めた。荘園年貢未進については、先の合意では「年貢未済のことは、或は出挙と号し或は借米を称して、借用し当村の年貢を便補《べんぽ》（代納）して支払う」と記載されている。地頭は郡司が年貢未済したと主張して提訴し、郡司はそのようなことはないと反論する。判決は、「永仁五年（一二九七）に幕府が決めた定法では、出挙物をめぐる訴訟はとりあげないとなっている。両者の合意した証文では、荘園年貢を立用《りゅうよう》（＝立て替え払い）すると記載されており、出挙分についてでは幕府法によって立用することはできなくなった。しかし、借米分については幕府法でも制限がないので、弘安十年以後の年々分については結解《けげ》（＝決算）をして郡司が立替払いすべきである」という決定が出された（山田文書　鎌二一〇四七六）。

年貢や国役などは郡司・地頭らが出挙銭や利銭を借金してでも代納（＝立て替え払い）をするように義務づけられていたことは前章でもみた。ところが、この鎮西探題の判決文では、幕府が永仁五年の定法で、出挙銭を借用して代納した場合の紛争は雑務沙汰として幕府法廷ではとりあげないことにしたというのである。谷山氏と島津氏の合意文書である弘安十年（一二八七）十月三日裁許状では出挙と借米の両方が含まれていたので、借用分での立用した年貢については結解をつくって惣地頭に進上するように谷山氏に命じたのである。

ここから、幕府は、永仁五年に利子付の出挙銭を借用して年貢を地頭が立て替え払いすることを停止しており、九州の郡司や地頭らは、無利子の借米を借用して年貢を代納するようになったことがわかる。出挙銭は五割以上の利子がつく借金であり、借米は無利子の借金であったから、両者は明瞭に区別されていた。

では、出挙銭での借金による年貢の立て替え払いを停止した永仁五年（一二九七）の幕府法とはどのようなものなのかみよう。

借物と負物の区別

鎌倉幕府は、建長七年（一二五五）に私出挙・挙銭の利分はともに一倍を過すべからず、何年たっても加増すべからずと決めたことは前述した（追加法三〇六条）。弘長元年（一二六一）二月二十日関東新制条々でもこの法が継承された。

ところが、弘安七年（一二八四）五月二十日の三八ヵ条にわたる弘安改革令につづいて、幕府は五月二十七日評定で「諸人所領百姓負物事」という条項をもうけて、領主や百姓らが負物＝利子付借金の負債を抱え、訴訟事件が頻発するようになったとして、その対策にのりだした。同年八月十七日には雑人の利銭負物をめぐる訴訟事件については一〇ヵ年を過ぎたものは幕府裁判では取り上げないことにした（五五九条）。債務をめぐる民事訴訟のうち負物の訴訟は一〇年の時効法をつくり幕府法廷は受理しなくなった。

永仁五年三月から五月二十一日までに行なわれた内評定において「借物と預物のことは、負物に准《なぞら》えがたし、よってその沙汰あるべし」（追加法六六九条）と決定した。無利子の借物と預物についての訴訟事件は、利子付債務の負物とはちがうので、幕府の裁判で処理せよ、というのである。ここでも、無利子の借物と利子付の負債である負物とを明確に区別して対処しようとする姿勢が幕府法の中にはっきりと示されていた。

そのうえで、同年七月二十二日もっとも有名な幕府法である永仁の徳政令が出された。御家人の所領で売買されたものや質券にされたものは本主の領掌＝所有に戻すこと、利銭出挙をめぐる訴訟は今後成敗しないことなどを定めて六波羅に送った（六六一〜六六四条）。出挙利銭をめぐる雑務沙汰《ざつむさた》（民事訴訟）を幕府裁判所が受け付けないとした理由について、幕府は「甲乙の輩が必要なときに負債をおって、富有之仁が利潤を専用し、窮困之族はますます貧しくなる」という理由をあげている。債務者の権利保護が徳政であるという社会理念が主張されている。

これまでの研究者は、これを高利貸や質経済によって貧富の差が拡大し階級分化を促進したと解釈し、近代資本の本源的蓄積過程の階級分化と同じものと評価してきた。しかし、幕府は利子付借金そのものを禁止しているわけではない。負物をめぐる訴訟が増加し、幕府法廷でとりあげないというだけである。無利子の借金をめぐる訴訟はいままでどおり裁判を受け付けることにしている。したがって、利子付借金をめぐる紛争処理は、幕府が関与することなく、民間での相対で処理するようになったにすぎない。幕府にすれば、訴訟処理の迅速化と無利子の借金である借物を奨励したかった。売却した御家人領を本主にもどさせて、御家人中心の政治運営を復興しようとした。

だからこそ、鎮西探題での正安二年（一三〇〇）の郡惣地頭と郡司との出挙と借米をめぐる裁判で、利子付出挙をめぐる年貢米の立替払いは判決ではとりあげず、無利子借米による年貢米の立替払いについて決算によって代納するように判決したのである。

以上から、永仁五年（一二九七）の幕府法で、無利子の借米をめぐる紛争はこれまでどおり幕府法廷で紛争処理がなされ、利子付借金の出挙・利銭・負物をめぐる紛争は幕府法廷ではとりあげられないことになった。したがって、一三世紀末以降の幕府裁判史料を分析しても、利子付借金や負物をめぐる事件はみられなくなる。中世社会では、無利子の借金が広がりをみせていった。

年貢未進に利子は付くのか

年貢未進が債務になることは勝山清次が主張している（『中世年貢制成立史の研究』塙書房、一九九五）。網野善彦は年貢が初穂からはじまるもので出挙や利銭という貸借契約が年貢に最初からともなうものであるから年貢未進には利子がつくのだとつよく主張している（「未進と身代」『中世の罪と罰』東京大学出版会、一九八三)。しかし、網野が主張の根拠とした史料はいずれも未進請文であり、未進分を自分の責任で納入することを約束した契約文書で、未進押書《みしんあっしょ》ともよばれたものである。

　未進がおきたとき、網野がいうように自動的に未進請文が作成されるわけではない。幕府法では、地頭が年貢納入の仕事を請け負っていたので、百姓や庶子分の未進は惣領や頭人の地頭が出挙銭や利銭を借用して代納することが義務づけられていた。代納・立て替え払いの際に、未進者と代納者との間で債務契約となり、倍額での弁償を義務づけ、それでも支払わない場合には所領没収してよいことになっていた（拙論「中世の年貢未進と倍額弁償法について」『地方史研究』五〇―四、二〇〇〇）。

　他方、百姓が未進をそのままにしておけば結解状に未進分として記録され、定使が現地に派遣されて未進分の名田に四目《しめ》がはられ名主・百姓職が没収され、正月の節養《せちやしない》では別の名主や百姓に宛行《あてがわ》れるのが通例であることはすでにみた。これが荘園領主による所職没収＝所務沙汰《しょむさた》と呼ばれた。こうした処分を免れるためには、未進した百姓が未進分を来年以降に支払うことを約束し、定使を介して地頭や郡司らに代納を依頼した貸借契約を締結してそれを提出する必要があった。これを未進請文とか未進押書といった。これを提出すると、その年の結解状では押書・請文を根拠にして進上分として処理され、所務沙汰の処理を免除されるシステムになっていた。そのかわり、未進分は代納者の地頭や郡司らと百姓との債務契約になり、その紛争は雑務沙汰《ざつむさた》として処理された（拙論「中世契約状における乞索文・圧状と押書」『鎌倉遺文研究』一七、二〇〇六）。このように年貢未進は、所職没収などの所務沙汰になる場合と債務処理として雑務沙汰になる場合とが存在したのである。

さらに年貢未進分を地頭や郡司らが代納するときに、出挙米や利銭を借用する場合と無利子の借銭である借米で代納する場合とがあった。しかも、幕府は永仁五年以降出挙銭での負物についての訴訟は幕府法廷で不受理とし、無利子の借米での代納を推進するようになったことを指摘した。網野や勝山はそうした無利子の借米による未進分の代納システムには言及していない。

年貢未進は無利子

具体的な事例でみると、東福寺領備中国上原郷百姓等は、荘主の交代を要求して逃散を敢行し、文安元年（一四四四）二月五日領家にあてた目安の中で荘主の非法を例示した。その中に「計会《けいかい》の御百姓のならいにて御年貢を未進を仕候、利分を加え召され候事、せんもなき次第候」と非難した一ヵ条がある（九条家文書一七〇五）。困窮した百姓が年貢未進をしたとき、荘主が利子分を加えて徴収したことを「御百姓の習」に反するとして抗議している。いいかえれば、在地慣習法では年貢未進は無利子であったということになる。

戦国時代の後北条領国では、永禄三年（一五六〇）二月晦日北条家朱印状には百姓詫言について赦免した条々のひとつに「御年貢銭弁段銭・棟別・懸銭等、地下中未進について、諸代官・諸奉行取越納め候、彼代物《だいもつ》においては速やかに百姓沙汰すべし、但し利銭之儀に至りては諸代官・諸奉行指し置くべきこと」とある（三須文書　戦国遺文六二三）。年貢銭や段銭・棟別・懸銭など税金を未納した場合には代官・奉行が代納するので、百姓らは速やかに代物を支払うべきである。ただし利銭を借りて代納した場合の利子分は代官・奉行に指し置く（捨て置く）ように命じている。ここでも年貢の代納の際に無利子の借米を借りる場合と利銭を借りて代納する場合があった。後者の場合でも利子分は百姓らから徴収するのではなく、捨て置くことになっていた。

紀伊国においても永禄三年八月吉日不動院海舜等連署定書にも「一、年貢所当の無沙汰の儀候ハ地主へ案内あるべし、又案内これ無く候ハ、縦《たとい》何ケ年行候とも利平之儀これあるべからず」（王子神社文書　和歌山県史二一三）とある。年貢未進については地主に催促し、何年かかっても無利子であることを定めている。室町戦国期には年貢未進は無利子が在地慣習法であり、戦国法もそれを公認していた。

開発所当は無利子

中世では最初から無利子であることを断った所当の斗代《とだい》が契約文に存在していた事例がある。古くは院政期の承安年間にみえる。

『和歌山県史』には承安四年（一一七四）十二月の紀実俊解状《げじょう》案が二通採録されている。それは紀伊国直川保《のうがわのほ》の河南嶋久重名内松門名に属していた本作・棄作・開発・常荒などの地目の五町が牛馬放牧地や洪水などで朽損地となってしまったので、国益のためにふたたび荒野開発地にしたいと国司に申請したものである。開発条件は、これまで通説でいわれているような三ヵ年免税ではなく、「所当税代麦単麦二斗代を徴収し、万雑公事《まんぞうくじ》と保司役免除」というものであった。荒野開発の場合にも「所当税代麦単麦二斗代」が「開発所当」として賦課されていたのである（拙論「災害と開発の税制史」『国立歴史民俗博物館研究報告』一一八、二〇〇四）。紀実俊の申請は国司の交代にあわせて建久三年・建久五年にも申請され、その都度裁許された。「所当税代麦単麦二斗代」について、案文の一通に「所当税代麦段別無利二斗代」と記したものがあり、国司の外題にも「新作畠においては無利二斗代を弁済すべし」と記載されている（栗栖家文書一ホ）。荒野開発地に賦課される開発所当麦二斗代は無利子であることを申請者も国司も了解していたことになる。あきらかに開発所当は無利子とあり、年貢は初穂であるから年貢未進には利子がつくとする網野説は再検討が必要になる。

無利子の借銭

長禄四年（一四六〇）五月十六日の東大寺油倉借銭算用状（東大寺文書『静岡県史』二三六四）は、油倉が長禄四年に借り入れた借銭とその年に返済した額とを決算した帳簿である。その中に「借納分」として借り入れた資金について「五貫文　大行事方ヨリ時借《ときかり》　無利」と記載している。油倉が同じ東大寺大行事方から五貫文を借金したのであるが、それは「時借」というもので無利子であった。

寛正三年（一四六二）四月四日に興福寺大乗院主経覚は、建仁寺の僧侶に対して「所詮、只今千疋分を御用に立つべし、利平なく借進むべし、しからざればかなうべからざる旨仰せ遣《つかわ》す」と日記に記している（『経覚私要抄』）。建仁寺僧が大乗院主のために一〇貫文を無利子で貸してくれるなら、建仁寺側の要求を呑んでもよいと返答した。相手の要求は不明であるが、中世の貸借契約は相対《あいたい》で、個別事情に即して利子をつけたり、無利子にしたりすることが頻繁に行なわれていた。

文明二年（一四七〇）十二月二十日に公家山科言国《やましなときくに》の家司大沢久守は「先度、竹阿より借用の代三貫文の内一貫文を返す、利百三十文。残二貫文也。一貫文当月より八文子、一貫文利なし也」と日記に記録した（『山科家礼記』）。時衆の土倉と考えられる竹阿弥から山科家は三貫文を借金しており、この日、本利一貫一三〇文を返却して、残り二貫文を借り続けるように契約文を作り替えた。一貫文は八文子という高利にし、他方の一貫文は無利子にしたというのである。ここでも、あきらかに無利子の借銭を借りるという契約が存在していたことがわかる。

売懸・買懸銭は無利子

永正十七年（一五二〇）幕府徳政条々事書（蜷川家文書四六四）の一ヵ条に「一　売懸・買かけの事、先規、その沙汰なきの条、徳政の沙汰に及ばず」とある。ここから、室町時代には商売物の販売代金は掛売であり、代金をあとでまとめて支払う売掛や買掛が一般的であり、無利子であったがゆえに徳政令の適用から外れて債権が保全されていたことがわかる。

商売の代金である売掛・買掛に利子がついたか、無利子であったかは、現実には見分けが困難な事例が多い。しかし、幕府の政所での雑務沙汰についての裁判記録の中に、文明五年（一四七三）九月二十九日の長谷川彦右衛門尉定弘申状がある。それによると、伊勢国益田荘《ますだのしょう》桑名の左近兵衛左衛門は代官への商売料足の残一九五貫文について徳政と号して代官が支払いを拒否している。しかし、利平を加えざるうえは徳政令を適用するには及ばない、債権を保証してほしいと幕府に提訴した。これについて、代金を返済するように幕府の奉行人奉書が出された（『政所賦銘引付』）。ここでも、商売料足の支払いが一九五貫文も残っていたので、代官は文明五年の徳政令を根拠に支払免除を主張したが、無利子であったので債権が幕府によって確認されたことがわかる。あきらかに販売代金の売掛・買掛は無利子であり、徳政令を適用されない事例が確認できる。

戦国時代になると、天文二十年（一五五一）の浅井久政《あざいひさまさ》徳政定書案では「一売懸・買懸事、但売買の代、一円にわたさざるにおいては棄破あるべからず」（菅浦文書　武家家法Ⅱ）とあり、債権が保証されている。他方、永禄四年（一五六一）三月十一日長尾景虎《かげとら》印判状には「一うりもの、代物の事、当座不調故、或は日限を定め、月をかぎり、借銭・借米に申合ハ、徳政ゆくへき也、但し手形無きハ、御法の外として厳重に策配すべき也」（上杉家文書『新潟県史』一〇一八）とある。ここでは、販売代金をその場で支払わずに返済日を限り借銭・借米契約にしたときは、利子付として徳政令を適用している。上杉領国では、借銭・借米が利子付利銭の意味になっている。ただ、そこにも「預物の事、利平つきたらハ徳政ゆくへし」とあり、利子付預物は徳政令が適用されるが、無利子の預物は債権が保証されている。したがって、無利子の借銭が上杉領国に存在していたことはまちがいない。

慶長三年（一五九八）二月十日上杉景勝が越後より会津に国替えを命じられ、信州川中島海津城須田満親と長沼城島津忠直の両城を石田三成に引き渡した。その際、上杉景勝条目案の一ヵ条に「百姓等困窮につき逐電の者これあらば、その在所とて尋ね出し返付すべし」「困窮の出百姓は無利分の米、分際用所次第借《か》すべき事」（御書集『信濃史料』）とある。逐電百姓らを村に還住させるとともに、困窮する百姓らに無利子の米を必要な分だけ貸し出すように代官らに命じていた。織豊期大名が困窮百姓らのために無利子の借銭を貸し出していた。

いまいちど、鎌倉時代の飢饉に際して北条泰時の徳政を思い出していただきたい。有徳人に出挙米を出させ百姓に貸し付けたことはどの領主にも共通していた。それは出挙であったから利子付貸借であり、百姓らは返済には利子をつけて返済しなければならなかった。それと比較したとき、織豊期大名は困窮百姓らに無利子の米を貸し出した。三〇〇年間の間に領主の民衆対策は着実に前進していたことがわかる。それは民衆を含む歴史のちからといえる。

借書の時効法

貸借契約の時効法

現代社会での貸借契約は、時効によって債務不履行が公認されることはない。自由契約と私有財産制を市場原理とする近代債権論では、借りたものの返済義務はどんなことをしても履行すべきもので、借用書の効力が時効によって消滅することはありえない。近代刑法では、殺人においてすら時効がみとめられているにもかかわらず、近代の貸借契約には時効がないという非常識が現代の常識になっている。

中世では、貞和二年（一三四六）十二月二十七日、東寺政所の法橋真祐と法橋祐実が連署して山城国上久世荘《かみくぜのしょう》下司に充てた上久世荘定書案（東寺百合文書を二）につぎのように記している。

一　負物のことについて、御式目のごとくんば、武家十ケ年の境をすぎたらば、沙汰に及ぶべからずと云々、年紀之法を用いず沙汰いたすべき由申す輩あるといえども、曾ってこれを承引すべからず、よって譴責の沙汰を致すにおいてはその子細を公方に申し入れるべし、訴え申すべしと云々

一　公家之法は、廿ケ年を以ってその限りの由定め置かれるの上は、その意を得て、申し入れるべきもの也

第一条では、利子付貸借の負物について、幕府法では年紀之法が決められており、債権の消滅時効が一〇ヵ年となっていた。そのため、借書は一〇ヵ年をすぎたら、幕府法では訴訟として受理しないことになっており、それが御式目だといっている。

第二条では、公家之法では武家法とは異なって借書の消滅時効が二〇ヵ年であったという。

東寺領荘園の経営を預かる東寺政所の職員や現地荘家の下司らは、貸借契約文に消滅時効の規定が存在していること、武家法では一〇年、公家法では二〇年という年紀之法（時効法）が存在していたことを知っていた。

では、貞和二年（一三四六）以前に、借書の時効法を定めたものがあったのかどうか再検討しよう。

建武徳政令と鎌倉幕府法の時効法

まず、建武元年（一三三四）五月三日検非違使庁牒写（田所文書）につぎのようにある。

質券沽却年記沽却同前、買主得分を取らざるといえども十ケ年を過ぎれば、沙汰の限に非ず

これはすでにみた後醍醐天皇が発した建武徳政令の一史料である。ここでいう買主とは、質物・本銭返・質券沽却・年季沽却という条件付売買地の買主のことである。彼が消費質としての得分を受け取らずに訴訟を起こしても、一〇ヵ年を過ぎていれば、時効として裁判を受理しないという。あきらかに条件付売買契約も負物の貸借契約も消滅時効は一〇年であったことがわかる。

鎌倉幕府法では追加法五五九条に負物についての年紀の法がつぎのようにみえる。

雑人《ぞうにん》の利銭負物の事　弘安七　八　十七

訴訟を経ずに十ケ年を過ぎれば、式目にまかせ沙汰に及ばず

この条項については、これまでふたつの解釈説が対立したままになっている。ひとつは、雑人＝名主百姓らの利銭の負物について一〇ヵ年すぎた訴訟は不受理としたもので、現存

の式目からは散逸してしまったとする。もうひとつは、雑人＝奴婢を利銭の負物とした訴訟について一〇ヵ年紀の法を定めたもので、奴婢訴訟の時効法とする説である（笠松宏至「五五九条頭注」『中世政治社会思想上』一一八頁）。どちらの説が正しいのか。

私は、東寺文書のみならず田所文書にも、負物の一〇ヵ年紀法があり、いずれも御式目にあると記している以上、五五九条を名主百姓の利銭の負物についての時効法と理解すべきものと考える。もしこの条項について、奴婢雑人を負物にした条項と解釈すれば、式目四一条に奴婢雑人規定がすでにあるから同じ意図の法文規定が重複することになってしまう。形式主義にうるさい中世の法曹官人らがそのようなことを認めるはずがない。

他方、公家法では負物の消滅時効が二〇ヵ年であったというが、いまのところ、この年紀之法がいつ定められたのか、関係史料を見出すことができていない。今後の研究課題である。

債務と返済の原理にも歴史がある

いずれにせよ、中世法では借書の効力が武家法では一〇ヵ年、公家法では二〇ヵ年と決められていた。中世の貸借契約＝借書には消滅時効があったことはまちがいない。この一点をとってみても、中世の債務処理慣行が近代債権論の世界とは異質な原理をもっていたことがあきらかになったといえよう。

借りたものは利子をつけて返すのが古代以来不変の社会常識であるというこれまでの現代人の常識はあやまりである。今も昔も、債務処理の方法は不変であり、債務契約には歴史は存在しない、という経済学の常識もまちがいである。中世には、近代債権論の常識が機能しないことが数多く存在した。債務と返済の歴史にも、債務の処理の方法にも大きな歴史的変化がみられたのである。以上から、債務史という学問分野が成立しうることを実証しえたものといえよう。現代人も、近代債権論の社会常識の暴力と呪縛から解放される第一歩を踏み出していくにちがいない。

債務と返済の循環が連続する世界へ――エピローグ

本書では、中世における債務と返済の循環についての歴史的変遷を見直してきた。最後にそれらを簡潔にまとめ、これまでの経済史学や日本史学でいわれてきた通説をどのように見直すことにつながるのか、さらには近代債権論を相対化して、現代の世界が直面している債務危機を解決するためにどのようなことが見通せるのかについて言及してむすびにしたい。

中世債権の弱さ

古代・中世における債務と返済の慣習法では、第一に非法な利子について返済の義務がなかった。中世の利子率は月利九文子をのぞいて一文子から十文子まであり無制限であった。反面で出挙の利息が増殖するのは四八〇日以内で本銭の二倍以上には増殖しない利倍法が生きていた。挙銭・利銭など借銭の利息は一年を限度に本銭の半額までしか増殖しない挙銭半倍法が機能していた。非法な利息は無効であるとする原理が古代・中世の社会常識になっていた。

第二に、債務不履行になって質物が質流れになった場合でも債権者による質地の私的所有は容易に認められず、質地はいつまでも質地として独立しえた。「質地に永領の法なし」という在地慣習法が機能し、質流れ地は何年たってもいつになっても債務を返済すれば債務者に戻された。「質券の法」が機能して、債務者の合意なしには質物や質券が一方的に質流れになって他人のものになることはなかった。借書の消滅時効が機能しており、武家法では一〇ヵ年、公家法では二〇ヵ年と決められていた。

第三に、中世での債務と返済の慣習法は、債権者よりも債務者の権利が保護されていた。それは、古代の国家法である律令や格による債務者保護の慣習法によるものであり、それが中世社会に復活して、中世の公家法・武家法に規定されていた。負物により富有之仁《ふゆうのじん》が利潤を専用し窮困之族《やから》はますます貧しくなることを防止すること、債務者の権利保護が古代以来中世国家の徳政・仁政であると意識されていた。

こうした本書でみてきたことを、裏側からいえば、中世の債権は国家による保護がなく、担保や質・抵当によって保障される性格も弱く、債権は債務者の許容する範囲内で機能するにすぎなかったと結論づけることができる。

階級分化・土地所有優先論の見直し

これまでの経済学では、古代中世の債権も物権に裏付けられ、債務不履行では担保の質・抵当となった動産はもとより田畠宅地など不動産も質流れになるものと考えられていた。債務や質によって階級分化が進展し貨幣経済が発展、高利貸資本による社会秩序の侵食が進行したと理解されてきた。債務を返済するのは質物が流れることを恐れるからであると説明され、だれもがそれを疑問視することはなかった。

しかし、古代・中世の債務史の世界では、質流れが極めて制約されていた。なかでも質地についての質権が土地所有の世界から独立しており、「質地に永領の法なし」として質流れ地はいつまでたっても何年たっても債務を返済すれば債務者が債権者から取り戻すことができた。「売買は賃貸借を破る」という近代債権論の大原則が古代・中世の社会経済では機能しえなかった。売買取引は貸借取引に優越しえなかった。古代・中世社会では、売買した商品の代金でも売掛・買掛として債務債権関係になっていた。売買の世界と貸借・質経済の世界とがそれぞれ独立して存在していた。

こうしてみれば、古代・中世の社会経済史の分野においてこれまでのように商品流通や貨幣経済論の視点のみから歴史を分析する方法は片手落ちであることがはっきりする。商品や売買取引とは別に債務と返済によってモノが流通・交流しあう貸付取引の世界がもうひとつの原理として存在していたことに留意しなければならない。

それゆえ、これまでの経済学者がいうほど、高利貸活動＝貸借取引・質経済によって不動産所有が富裕者の手に集中して階層分化が進展したわけではない。高利貸活動を金融業として理解し、質流れを当然とする近代債権論の立場のみから分析して中世における貨幣経済の発達を主張する社会経済史学の方法論には根本的な見直しが必要である。

こうした利息徴取を禁止、きびしく制限する原理は世界各地の前近代では、高利貸禁令として広く知られている。キリスト教旧約聖書でいう同胞から利子をとるなという禁制は、ユダヤ共同体や中世キリスト教徒によってよくまもられた（ジャック・ル・ゴッフ『中世の高利貸』法政大学出版局、一九八九）。イスラムの無利子金融は、世界的な広がりをもつもので、〝文明の対立〟といわれるものではない。日本の古代中世も世界史と同じ歴史の流れの中にあったといえる。

債務返済を強制する原理

では、中世において債務と返済の循環を強制するものはなんであったのか、という債務債権関係の本源的性格の解明に向かわざるを得ない。これが難問であるが、検討の糸口だけはさぐりたい。

糸魚川市上刈の伴文書に興味深い借用状が残されている。『新潟県史』の調査で発見されたもので京田村平之丞借用状と名づけられている（伴文書『新潟県史』二二一三）。

□金□《(一)》札の□《(事)》
□□□□目
右之金□かり申候御事
□《(明カ)》年までに返済不申候ときわはじ也
永正三年　　京てん村
平之丞（拇印）
□《(請カ)》人
松左門（拇印）
さい□

越後国京田村の平之丞が、永正三年（一五〇六）に松左門を口入人（請人）として、さい□なる人物から借金をし、明年までに返済しないときは恥也という担保文言を加えて返済を約束した契約状である。現代人にとってはなんの効力もない無意味な契約状と評価されるであろう。しかし、中世人には効力のある契約状であった（拙論「債務」竹内誠・佐藤和彦・君島和彦・木村茂光編『方法教養の日本史』東京大学出版会、一九九七）。室町期に一般化する宛先を明記した借用状で、借用額、返済期日、債務者、債権者を明示している。利子の記載がない借状で、無利子であった。伴文書には、天正十八年八月十六日上杉景勝家臣の飯田長家・河隅忠清が連署して「きやうてん村御百姓中」にあてた請取状（『新潟県史』二三二五）や京田腰村検地帳も残っている。したがって、上掲の文書の宛先人も京田村の村役人であったものと考えられ、百姓中の債務に関する史料といえる。

ここで私が注目するのは、中世人が債務を返済しようとする理由について、債務不弁を「恥」と意識してそれを担保文言として明示していることである。

債務債権関係の歴史的機能

債権は人に対する請求権であるから、債務を負った特定の人物に対してのみ機能する権利であることは、今も昔もかわらない。したがって、だれもが自由に債務債権関係を取り結べるわけではない。特別な縁者に限定されていたのであり、上掲の借用状にも請人の口入人が介在していた。それゆえ、債務者の平之丞は、債権者の銭主と請人の松左門と自分の三者の間で取り結んでいる人間関係の中で債務契約を締結できた。百姓中での人間関係（私縁や社会の絆）を維持しようとする意志が、債務不履行を恥とする原動力である。それこそが債務返済を強制する原動力となっていた。いいかえれば、債務と返済の循環は、個別的な人間関係の絆を強化し、現状の社会秩序を維持しようとする人々の保守主義的社会意識によって支えられていたことになる。

債務債権関係は、口入人や請人を媒介に特定の個人の間で個別的に成立する契約関係であったから、むしろ階級分化の進行をスローにして、社会の絆や私縁をつよめ社会秩序を維持する保守的機能を果たしたものとみなければならない。

中世において債務の返済を強制するものは、質地が流れるという土地所有喪失の恐怖であったとする経済学の前提がまちがっていたのである。古代中世の人々は、土地所有にだけ執着して生きてきたわけではなく、人と人との人間関係＝私縁＝社会の絆に依拠して生き抜くことができた。中世にあっては、私縁や人間の絆は所職と同様に、もうひとつの中世的所有であった。近代債権論の世界ほど単一的な価値観を中世人はもちあわせていなかった。

では、債務を返済しないのは恥だとする社会意識は中世社会のいつの時点からうまれてきたのであろうか。

社会正義の転換

債務を返済しようとする強制力が、人間関係の私縁や社会の絆を維持しようとする現状秩序維持的社会意識であるとすれば、百姓中の家が安定的に維持され子孫に代々受け継がれていくという中産階級の経営・生活スタイルの形成が完了していなければならない。百姓という中間層の家が飢饉・疫病・戦争の三大苦の中できわめて不安定で流動性が高い中世社会では、債務者保護の政策が仁政に叶う国政運営の基本原則である。国主・国宰や領家の徳政において、債権者の取得する利息を制限し、有徳人の利益を制限することが社会正義と意識されて当然である。

中世の債務債権関係をめぐる債務者保護を優先する流れが、大きな分水嶺で逆流しなければ、債権者の権利を保護することがより大切で、債務を返済しなければ恥だという社会意識は生まれてこない。債務者保護を優先する社会意識がいつどのようにして債務を返済しなければ恥とする債権者保護を優先する流れに転換しはじめるのか。

室町幕府法の新しい原理

この難問について興味深い史料が、室町幕府追加法二〇二条である。これは永享二年（一四三〇）十一月六日に「諸人借物事」という中世ではみなれた法令について幕府が見直しをした新法である。

政所《まんどころ》雑務《ざつむ》之法《のほう》として、年紀《ねんき》十ケ年を定め置かれるにより、銭主等は年序を経て棄置かれるを怖《おそ》れ、難渋の族《やから》は十ケ年を過ぎ返弁せざるを欲す、はなはだ以って仁政に背かん哉《や》、自今以後においては、十ケ年に及ぶといえども、本法にまかせ、一倍をもってこれを弁償すべし、十ケ年以後においては、本銭の三分《たとえば、銭十貫文では三十貫文なり》を返済すべし、但し、年来の利息について裁判を受けたものや破棄されたものはそのままとせよ。

これまで、無利子の借物についての雑務沙汰をめぐる訴訟は幕府法廷でも審議されてきたことはすでにみた。利子付貸借の負物については鎌倉幕府法廷では受理しなくなっており、借書の時効法が武家法では十年紀法であったこともすでにみてきた。したがって、この室町幕府法は、「借物」(=無利子の貸借契約)についての消滅時効の十ヵ年紀法を見直したものであることがわかる。

室町幕府は政所雑務之法として年紀十ヵ年法(時効法)を定めたが、そのために債権者である銭主らは時限がきて債権がなくなることを恐怖し、支払いに難渋している債務者は時がきて時効になって不返済になることを欲している、これは仁政に背く。したがって、今後は本銭の倍額を弁償させ、一〇ヵ年以降になっても返済しないものには本銭の三倍を弁償させせよ、というのである。

これはあきらかに債務者保護のための武家法十ヵ年紀法を空洞化して、債権者の権利保護のために債務の倍額弁償法・三倍弁償法を定めたものである。債務者保護の政策から債権者保護の政策に転換しはじめたことを意味する。その政策転換の理由が、「債務不弁は仁政に背く」という新しい社会理念の主張である。

債務不弁は恩を知らず正義に背く

室町幕府法はさらに永享五年(一四三三)十月十三日に利子付貸借の「負物年紀事」について追加法二〇五条を制定した。

先度定め置かれた法に就いて数十ケ年も経た古借書《ふるしやくしょ》をもって、借主の子孫に催促せしむるの条　尽期なきの上は、廿ケ年未満の借書は、これまでの定めた法によってたとえば、十ケ年は一倍、十ケ年を過ぎたものは三倍を返弁せよ、それ以後のものは制限の限りに非《あら》ず。

数十年も経った古い借書を根拠に借主の子孫に返済を催促することは時限なきことになるので、二〇年以内の借書については永享二年法にしたがって、一〇ヵ年までは本銭の二倍、一〇年を超えたものは本銭の三倍を返弁せよ、それ以後の借書は無効とせよ、という法意である。ここで室町幕府は武家十ヵ年紀法を廃止に追い込んで、公家法の消滅時効二十ヵ年紀法を公認したのである。負物年紀事＝消滅時効法は、公家法の二〇ヵ年に統一され、利息は本銭の倍額までとする利倍法の大法に反して、本銭の三倍まで利息を支払えという新法が定められた。さらに、債権者の権利保護の新法令がつくられたのが、永享八年（一四三六）五月二十五日の追加法二〇七条である。

催促を致すといえども、返弁の是非あたわず年月を経るの条、恩を知らずと云い、理《ことわり》無しと云う、旁《かたがた》もって正儀《せいぎ》に背くもの也、所詮、永享八年五月二十五日に定め置かれる以後、百五十日限に三ケ度催促に及ぶといえども、承引あたわずにおいては政所に訴え申すべし

ここでは、債権者が一五〇日以内に三度返済を催促しても、債務返弁を承引しない債務者については、幕府政所に提訴すれば受理して幕府が処置することを定めている。債務者

て宣言した。

と債権者の紛争は幕府の政所が債権者保護を優先して裁判で処理することを社会にむかって宣言した。

永享十二年（一四四〇）十月二十六日追加法二一〇条では、政所での訴訟が停滞するとして将軍直訴の「庭中《ていちゅう》」（将軍への直訴言上）をみとめている。室町幕府は、債務を返弁しないのは、恩を知らず、理無く、社会正義に背くものであるという論理によって、これまでの債務者保護の政策とは反対に、債権者の権利を保護するために訴訟窓口を政所から将軍直訴の庭中にまで拡大していった。かつて、債務者の権利を保護するための諸法令が機能した歴史はすべて無視されている。反対に債権者の権利を保護しようとする債権者からの訴訟が増加したのにともない、雑務沙汰の訴訟窓口を政所や庭中にまで拡大した。債権者の権利保護の原理を優先する社会がスタートした。

債権者の権利保護の流れ

これまでの研究によれば、将軍義教《よしのり》時代に雑務沙汰が将軍の御前沙汰《ごぜんざた》で一元化されていたものが義政時代に政所での裁許に委任されたとする説（早島大祐「京都近郊における永代売買地の安定化」『日本史研究』四四四、一九九九）が提起されている。しかし、私は、そのような訴訟手続きの変更を意味するのではないと考える。

永享二年（一四三〇）に、債務を返弁しないのは正義に背くという新しい社会理念を掲げて債権者の権利を擁護する法令改正がはじまった。つぎつぎに旧来の債務者保護の政策諸法令が否定され、永享八年五月の追加法二〇七条では、債務返済の催促をしてもそれに従わない事件はすべての幕府政所で受理し債権者の利益を擁護するという法令が出された。永享十二年には将軍御前の庭中でも雑務沙汰を審議するようになった。これは債務者保護から債権者保護への政策転換だといわなくてはならない。永享年間の一連の改革によって、それまでの債務者保護の政策が根本的に否定されて、債権者保護の国策に大転換したことを意味する。非法な利子の支払いは、貧富の格差を拡大し、社会正義に反するとしたこれまでの徳政・仁政観念が否定され、逆に、債務を返弁しないことは恩を知らず、理無く、正義に背くという社会理念にとってかえられた。新しい社会正義の価値観が時代の社会意識になりはじめたのである。

これは、永正三年（一五〇六）に越後国京田《きようでん》村の平之丞が、明年までに債務を返済しないときは恥也という担保文言を書いた社会意識に共通する。室町幕府が、永享年間の法令改革で打ち出した債務不弁を正義・仁政に背くとする債権者の権利保護の社会理念が着実に北陸道の百姓平之丞の頭の中にも浸透していたことがわかる。中世社会においても一つの社会理念が一般百姓の社会意識になったとき、現実的な歴史をかえるちからになっていた。

徳政状況での有償請け戻し

室町幕府が政策転換した時期には、民間でもこれまでとは異なった債務処理の慣習法がみられるようになっている。

たとえば、洛中西条坊門南西に私宅をもっていた浅原与三郎秀広は私宅を質物にいれ河上孫三郎から一貫文を借用した。その後、債務の「過半は返却」したが、債権者の孫三郎が家屋を質物だといって抑留するとして文明十年（一四七八）五月十五日に債務者与三郎は幕府に提訴している（『政所賦銘引付』）。借金の半額を弁償すれば、質物の取り戻しを主張できるという中世の半倍法が提訴の根拠となっていた。挙銭半倍法を根拠にした債務者の権利保護の慣習法が在地ではいきていた。いいかえれば、債務者が借銭半額支払いを根拠に有償で質物の取り戻しを要求して幕府に提訴していたのである。

百瀬今朝雄が注目した文明十二年は土一揆が徳政を張行《ちょうぎょう》（強行）し、幕府が徳政禁制を出すという相反するふたつの社会法令が洛中でぶつかりあったためずらしい年であった（百瀬今朝雄「文明十二年徳政禁制に関する一考察」『史学雑誌』六六―四、一九五七）。その九月十六日にはつぎのような事件が記録されている（『長興宿禰記《ながおきすくねき》』）。

> 京中上下同心して、各土倉の質物は十分走《じゅうぶんのあゆみ》で用脚《ようきゃく》を出しておのおのこれを取る、日を追ってこれを増す、五分一・三分一、或いは半分の用途を出して質を取り出すと云々

洛中の上京と下京の町衆《ちょうしゅう》は同心して各土倉の質物について、はじめは十分の一の用脚（費用）を支払って質物を取り出した。その代金の支払いは、日を追うにつれて増加し、五分の一から三分の一、さらには半分の代金を出して質物を押し取ったというのである。

土一揆が徳政令、将軍権力が徳政禁制という相反する法令を出したとき、政治権力が相殺されて機能しえないという無政府状態が京中に生まれた。洛中の上京・下京の町衆は、土倉から質物を請け出すときに、自発的に十分の一から半分までの用途（銭）を支払った。これまでのような実力による無償での取り戻しではない。質物は有償で取り戻すべきであるという社会的価値観をもった中世人による自発的行動であるところが時代的特質といえよう。

鎌倉時代、永仁五年（一二九七）の徳政令は、売却し質に入れられた御家人領は無償で取り戻すのが当然であるとした。文明十二年（一四八〇）に土倉の質物を自力で取り戻せる状況になったとき、洛中の町衆は、自発的に半分以下の代金を支払って有償で質物を請け出すようになっていた。無償による質物取り戻しを当然とした鎌倉時代の中世人と、有償による取り戻しを社会常識として行動する室町時代の中世人との間には、債務返済についての社会意識に大きなギャップが作り出されていた。ここには、債務者の権利保護と債権者の権利保護の原理が拮抗しあい、双方に共存する原理を模索する自発的な社会意識が機能していた。

債務者と債権者の権利が拮抗する社会

近代債権論の世界では、債権者の権利のみが絶対的に保護され、債務者の権利保護という意識すらもちあわせていない。反対に、院政・鎌倉期の債務処理の世界では、債務者の権利が保護され、債権者の権利保護という意識は稀薄であった。それが室町時代には債務者保護と債権者保護の二つの原理が共存する道がさぐられるにいたった。債権は本来、健全な債務者の存在なしには機能しえない面白い権利である。その本質的な価値観が、近代債権論の世界ではなしに、室町期一五世紀に債務処理の世界で生きて機能しはじめた。この矛盾はなぜおきたのか。パリア海退という気候寒冷化の下で飢饉・疫病・内戦の三重苦がつづき、自力救済の実力主義の殺伐とした中世社会において、なぜ債務者と債権者の権利が両立する道が追い求められたのか。

質券之法を事例にもう一度考えてみよう。質券之法では、質流れになっても債務者との和与なしには質物や文書質を移転してはならなかった。道理や経過がどうあろうと、両者の和与・合意を第一義的に重視する価値観がいきている。しかも、この法の大前提には、田地の質入れは土地の権利証文が文書質にとられたのであって、実際の質地はなお債務者の手に留保されていた。中世社会の債権者は権利証文を確保しているかわりに、債務者も質に入れられた田地そのものを実力で支配しつづけている。両者は、それぞれが事実的支配にもとづいて土地や動産についての権利回復請求権を行使するのであるから、両者の権利は激しく拮抗しあう。一片の訴訟判決で紛争処理ができるようなものではない。とりわけ、中世国家の判決では、強制代執行を行なう公的機関が存在しえなかった。裁判権力や公権力は当事者間の利害の共存を図り、両者の合意・利害のバランスをとることによって紛争を調停することが第一義的に重要であるということにならざるをえない。

近代債権論の世界では、個々の当事者が実力で所有権や諸権利を保護・防衛することを禁止している。紛争処理は社会や国家権力によって行政代執行され保護されるシステムになっている。そこでは当事者間の利害調整よりも法の普遍性や公権力行使の一貫性・社会正義の実現・社会秩序の維持などを第一義的に重視している。

こうしてみれば、中世社会では社会の紛争解決の方法が第一義的に私戦・実力による自力救済主義によるもので、外部の第三者や国家権力の調停・仲介・訴訟判決をもとめるのは二次的手段であった。私戦・実力主義による紛争解決を背景にした法意識の世界であるからこそ、債務者と債権者の権利保護が拮抗し、両者の共存する道が利害のバランスとしてもとめられたのである。中世社会は近代のそれとは比較にならないほど暴力性のつよい殺伐とした弱肉強食の時代であった。それゆえ、相手の存在と利害に最大限の注意をはらわなければならない、という社会意識や法意識を育成していた。

近世・近代人の進歩と退歩

近世から近代・現代への社会進歩は、あらゆる紛争解決の手段を暴力や実力による自力救済にもとめるのではなく、徳川三〇〇年の平和の中で第三者による紛争解決方法と自由競争の市場原理による見えざる手によって解決することを発見したことである。明治から一〇〇年間の近代人の歴史は暴力・略奪と義理・人情・贈与をやめて、すべてを商品に転化させ貨幣という共通の尺度で価値をはかり、優劣を決めていく。それによって列島の人々も大きな近代的進歩をとげたことはまちがいない。しかし、その反面、債権者の権利だけを保護し、債務者の権利保護をみとめず、いくら利子率を低くおさえても利子が無限に増殖することを認めているかぎり、債務者はかならず破産する。債権者も不良債権によって破産の連鎖に組み込まれる。江戸時代後半から幕末・明治維新の動乱は、質地騒動と秩父事件に代表される農山村での高利貸や地主との借金返済をめぐる闘争であった。江戸後期から幕末期までの社会には無年季の質地請け戻し慣行が存在していた（白川部達夫『日本近世の村と百姓的世界』校倉書房、一九九四。大塚英治『日本近世農村金融史の研究』同、一九九六。神谷智『近世における百姓の土地所有』同、二〇〇〇）。明治十・十三年（一八七七・八〇）に司法卿によって「民事慣例類集」が全国から集成された時、国内には多種多様な土地や動産に関する権利・慣行が残っていた。債権者とともに債務者の権利も残されていた（風早八十二「解説」『全国民事慣例類集』日本評論社、一九四四）。しかし、明治政府は、そうした債務者の権利保護の慣習法を否定し、債権者の権利のみを保護し、戦前の寄生地主制と日本資本主義の発展を生みだした。近代的な私的所有権確立を促すため、多種多様な諸権利は、すべて「封建的諸権利」として否定され、近代民法がつくられた。

色川大吉は秩父困民党を分析し、「借りた金を返す、だが不当な暴利は背徳の行為」と考える社会意識にもとづいて社会変革の行動に立ち上がったことを明らかにした。この「通俗道徳」を一貫してつらぬき、自由民権の政治思想に触れることを契機にその限界を打破し社会変革的思惟方法に飛躍したことを強調した（『明治の文化』岩波書店、一九七〇）。しかし、その「民衆思想」は、没落の危機に直面した豪農・豪商・中小地主から百姓までの封建的農村社会秩序にいきた中産階級の人々のものであった。いずれも名子・被官や脇の者への家父長制支配を前提とした経営体と百姓中の共同体的規制によって守られた者の社会思潮であった。それは、封建的社会秩序を守ろうとする保守主義的社会意識であった。下人や都市下層貧民・小作人である借金生活者の苦悩や現代の非正規労働者や多重債務者の苦悩に共通する社会的敗者の世界とは別世界にあったといわざるをえない。債務者の権利を保護することの重要性は、現代の組織的労働組合に組織された「市民」にも自覚されてはいない。近現代の「国民」や「市民」の社会意識は、自由競争原理での敗者の存在と利害を思いやるちからを社会正義とするまでに人間的になっているとはいえない。

二一世紀将来への提言

本章の検討から、あきらかになったことをまとめれば、室町時代も一五世紀になって、債務不弁について恩を知らず、理なく、社会正義に背く恥であるとする社会意識がうまれた。土一揆の徳政令と幕府の徳政禁制が衝突して政治権力が機能しなくなった文明十二年の洛中では、町衆が自発的に有償で土倉から質物を請け戻す行動に出るようになった。債務者と債権者の両者の権利が共存する道がさぐられるようになった。このときが債務者保護の流れから債権者の権利保護へと転換する債務史の分水嶺であったとわたしは考える。こののち一方的に債権者のみが保護される歴史がはじまり、近代債権論の世界が生み出されたといえる。

本書を通じて、債務返済の処理方法にも歴史的変遷があることが理解してもらえたであろう。債権は、過去においても現在においても将来においても、債務者と債権者が共存してこそ権利行使ができる人類固有の権利である。そこからみると、私有財産制と自由契約を絶対として、債権者の権利のみを優越させ、債務者の権利を無視し破産に追い込む近代債権論の世界は、きわめて歪《いびつ》な歴史的段階に入り込んでいることが理解できる。債務者が破産すれば、債権者はその権利を行使できず、社会的浪費となって社会的富が消えていく。

現代人はその矛盾を克服する新しい原理を見出していない。

自由競争の市場原理を絶対とするグローバリズムは、地球の自然が有限であり、人類が核兵器の危機や債務危機、環境破壊によって内部崩壊しようとする中で、地球上の貧困や飢饉・戦争をなくすための原理にならず、むしろ悪循環の元凶であることがあきらかになりつつある。

債務返済の紛争処理は相対で双方が合意できればどうにでもなる世界であった。利子率が無制限であっても、利子の総額をきめて利息の増殖を禁止すれば、債務者も債権者も共存して、債務と返済の循環がスムーズに進展する方法を中世人は知っていた。したがって、二一世紀の将来の世界が、債務者と債権者の両方の権利が共存しあえる新しい原理を社会意識としてもちえるようになれば、諸矛盾の渦巻く現代社会の流れを新しいものにつくりかえることができる。二一世紀の将来の世界は債務者と債権者が互いに破産することなく共存しあう原理の中で生き抜くことが必要である。

それならば、利息の無限増殖の原理を放棄すればよい。かわって利息の増殖を一定額で抑制しあい、債権者と健全な債務者が共存して債務と返済の循環をスムーズに展開できる経済原理をみんなの社会正義にすればよい。一五世紀の中世の人々が暴力を紛争解決の手段とすることを放棄しはじめ、債権者の権利保護をみとめ共存の道を歩みだし、社会正義の流れを転換しえたのであるから、二一世紀の人類にもそれができないはずはない。すでに、現実の世界では、利息の取得を禁止しているイスラムの法世界の中でスクークという新しい投資運用型の債券が発行され、イスラム金融市場が世界的に拡大している（前田匡史『詳解イスラム金融』亜紀書房、二〇〇八）。利息が無限に増殖する世界が絶対ではないことを少数とはいえ世界の人民が知りはじめている。

地球環境・資源の有限性の中で、二一世紀の人類社会は債務者と債権者の権利保護を両立した循環型再生産経済原理を必要としている。債権は健全なる債務者が存在してこそ、債権者が権利行使できる。利害対立者が共存しあう原理こそが社会正義であるとする社会意識が形成されたとき、人類はあたらしい債務処理の方法をつくりだすにちがいない。

あとがき

本書は、私の個人研究テーマである「日本中世債務史」に関する最初の単著である。もとより、債務史という研究分野が学界でも認知されていないことは自覚している。債務史という研究分野が成立しうるか否かを読者にご判断を仰ごうとしたものといったほうが正確であろう。本書カバーに「はじめての中世債務史入門」と編集部がつけてくださったのは、そうした願いを汲んでいただいたものといえる。多くのご批判をえながら、この分野を体系性のあるものにしていきたいと念じている。もとより、今は亡き先学をはじめとして多くの研究者の学恩なしにはここまでやってこられなかったのであり、その一端を記録しておきたい。

この研究テーマは、日本中世社会経済史の碩学といわれた故寳月圭吾先生の研究資料を整理する中で、中世借用状が売券とならんで大量に残っていることを知ったことがスタートであった。寶月先生が一九八七年九月十三日になくなられたあと、蔵書以外の中世売券関係史料が一括して東京大学教養学部勝俣鎮夫研究室に残されていた。私は一九九一年から長野県立歴史館の創設準備に従事しており、寶月圭吾研究資料の寄贈を受けて長野県歴史研究文庫をつくる仕事を命じられた。一九九三年十一月に関係史料を受け取るため東京大学教養学部に出向いた。段ボール箱にして七箱に相当する大部なもので、あとで整理してみると中世売券が原稿用紙七〇〇〇枚ほどのファイルになった。

その日の事務手続きが終わったあと、喫茶店で勝俣鎮夫さんに「これをつかってあなたが論文を書いてください」といわれた。まったく思いがけないことばに「え、私がですか」と聞返すと「そうです」とはっきりと断定された。その口調があの寶月先生の断定口調にそっくりなのにおどろいた。もとより、無理難題でたいへんな宿題をもらったものと不安の中で資料の整理をすすめた。毎年冬に山形の酒田市で行われた市河文書調査にはかならず寶月資料のファイルを持参することが習慣になった。ようやく二〇〇二年に「中世借用状の成立と質券之法」(『史学雑誌』一一一―二)を公表したとき、勝俣さんが「読みました。あれはおもしろかったです」と感想をのべてくれた。約束を果たすことができた安堵感とともに、「やった」と腹の中でひそかに叫んでいた。いまになってみると、勝俣さんのあのひと言が、私が債務史研究に入っていく出発点になったのだと思う。寶月先生の学恩とともに感謝のことばもない。

第二に、私は荘園年貢収納論や結解《けげ》・請取状等の帳簿論から為替《かわせ》や銭貨出挙《せんかすいこ》などに関心をもって研究してきたので、貨幣史や経済学の分野については全くの門外漢であった。幸い、前者については二〇〇二年に慶応義塾大学の鈴木公雄氏と当時北海道大学におられた桜井英治氏のお誘いを受けて日本銀行金融研究所での貨幣史研究会東日本部会に参加させてもらった。二〇〇四年秋には鈴木氏が他界されて休会となったが、この研究会では色々な方と接し大変勉強になった。考古学者の鈴木氏の学識の深さに教えられるとともに経済学の分野における貨幣論や債務論について新しい研究動向を学ぶことができた。関係者の学恩に感謝しなければならない。後者については、佐賀大学経済学部の楊枝嗣郎氏との論文交換によって、経済学研究の最新情報を学ぶことができるようになった。欧米の貨幣論や信用論の研究動向は、債務史研究にとって大変ありがたかった。楊枝氏のご教示には本当に感謝したい。

第三に、借用状や請取状は中世においても債券として機能した場合が多いので古文書の形態や伝来過程の復元が不可欠である。切紙や連券になっていたものが剝離したりする。連券全体が抹消されていたり、一通ずつ個別に抹消されたものなど多様な形態をもっている。紙背や奥部分に返済額と年月日などの算用を追記した場合もある。剝離した古文書を虫食いや糊跡から連券に復元する作業が必要になる。墨書の色や追筆か否かの確認をしなければならない。そのため、原本調査がどうしても必要不可欠になる。

しかし、昨今、史料の原本調査が困難になっているのはご承知のとおりである。そうした中で、私の奉職する国立歴史民俗博物館は原本の展示を職務としており、展示の際に原本調査が可能になることもたびたびであった。館蔵史料である田中穣旧蔵本・広橋家旧蔵本・高松宮家旧蔵禁裏本などの原本資料をはじめ、正倉院文書の原寸大精密写真などを所蔵しており、研究条件にめぐまれていた。さらに、東大寺図書館、根津美術館、尊経閣、内閣文庫、国会図書館、宮内庁書陵部、京都大学総合博物館、佐賀県立図書館、熊本大学図書館、日光山輪王寺、鎌倉国宝館などでの原本調査では関係者のご協力をえることができた。厚く感謝したい。

職場では、木簡史料は平川南館長をはじめ、皆心よく教えてくれる。とりわけ、資料の探索や所蔵機関の情報などについて困ったときは、隣の吉岡眞之研究室に救いの手をもとめて飛び込む。若かった七〇・八〇年代、困って東京大学史料編纂所に飛び込むと、だれかがすぐに教えてくれた。私は耳学問で育てられた。その時代にもどったのかと錯覚するほど、吉岡さんはよく知っている。どんなときでもどんなことでも情報が出てくる。私のための生き字引である。古文書の細部で困ると百瀬今朝雄氏を通じて佐藤進一氏から色々など御教示をいただいた。特記して感謝申し上げる。

本書は、単なるこれまでの研究論文の要旨をわかりやすくまとめたものではない。編集者岡庭由佳氏との討論を通じて、私は研究史上の疑問点と一般社会人が疑問とすることに大きなズレのあることを教えられた。討論の中で、中世の債務債権関係が果たした歴史的役割をまとめた歴史書もないことに気づいた。おかげで、中田薫・小早川欣吾があきらかにした利倍法が中世のいつ復活したかなど研究史上であきらかになっていないテーマについても本書でとりくむことができた。挙銭半倍法についても古代法との関連や中世法としての復活過程を本書で論述することができた。

なお、本書は古代中世の債務契約をめぐる社会正義や社会常識の変遷史でもある。それゆえ、古代中世の債務論には、近代債権論における市場経済原理万能の社会常識とはきわめて異質な世界が展開され、近代債権論の社会常識を相対化するための史実や方法論がたくさん含まれている。昨今、金融世界は債務の証券化の破綻で一段と債務危機が深刻化している。これに現代の歴史学がいかに応えるのか、その真価が問われている。古代中世の債務史研究はイスラム経済学の研究同様に、現代の債務危機に対しても批判的な分析視角や新たな方法論を提起しうるヒントをたくさん含んでいる。その探求こそ、古代中世の債務史研究がもっている現代的意義であると信ずる。現代社会の債務危機を脱する道を探るためにも、債務史研究の分野において新しい研究者が育っていくことを願ってあとがきとしたい。

二〇〇八年九月

井原今朝男

著者紹介

一九四九年、長野県に生まれる
一九七一年、静岡大学人文学部人文学科卒業
一九七九年、東京大学史料編纂所内地研究員
一九九六年、史学博士(中央大学)
現在、国立歴史民俗博物館教授、総合研究大学院大学教授(併任)

主要著書
日本中世の国政と家政　中世のいくさ・祭り・外国との交わり　中世寺院と民衆

歴史文化ライブラリー
265

中世の借金事情

二〇〇九年(平成二十一)一月一日　第一刷発行

著　者　井《い》原《はら》今朝《けさ》男《お》

発行者　前田求恭

発行所　株式会社 吉川弘文館
東京都文京区本郷七丁目二番八号
郵便番号一一三—〇〇三三
電話〇三—三八一三—九一五一〈代表〉
振替口座〇〇一〇〇—五—二四四
http://www.yoshikawa-k.co.jp/

印刷＝株式会社 平文社
製本＝ナショナル製本協同組合
装幀＝清水良洋・黒瀬章夫

歴史文化ライブラリー

1996.10

刊行のことば

現今の日本および国際社会は、さまざまな面で大変動の時代を迎えておりますが、近づきつつある二十一世紀は人類史の到達点として、物質的な繁栄のみならず文化や自然・社会環境を謳歌できる平和な社会でなければなりません。しかしながら高度成長・技術革新にともなう急激な変貌は「自己本位な刹那主義」の風潮を生みだし、先人が築いてきた歴史や文化に学ぶ余裕もなく、いまだ明るい人類の将来が展望できていないようにも見えます。このような状況を踏まえ、よりよい二十一世紀社会を築くために、人類誕生から現在に至る「人類の遺産・教訓」としてのあらゆる分野の歴史と文化を「歴史文化ライブラリー」として刊行することといたしました。

小社は、安政四年（一八五七）の創業以来、一貫して歴史学を中心とした専門出版社として書籍を刊行しつづけてまいりました。その経験を生かし、学問成果にもとづいた本叢書を刊行し社会的要請に応えて行きたいと考えております。

現代は、マスメディアが発達した高度情報化社会といわれますが、私どもはあくまでも活字を主体とした出版こそ、ものの本質を考える基礎と信じ、本叢書をとおして社会に訴えてまいりたいと思います。これから生まれでる一冊一冊が、それぞれの読者を知的冒険の旅へと誘い、希望に満ちた人類の未来を構築する糧となれば幸いです。

吉川弘文館

〈オンデマンド版〉
中世の借金事情

On Demand
歴史文化ライブラリー
265

2019年（令和元）9月1日　発行

著　者　井《い》原《はら》今《け》朝《さ》男《お》
発行者　吉　川　道　郎
発行所　株式会社　吉川弘文館
〒113-0033　東京都文京区本郷7丁目2番8号
TEL　03-3813-9151〈代表〉
URL　http://www.yoshikawa-k.co.jp/
印刷・製本　大日本印刷株式会社
装　幀　清水良洋・宮崎萌美

井原今朝男（1949～）

ISBN978-4-642-75665-5